当代中国微记录
GLIMPSES OF CONTEMPORARY CHINA

追逐艺术梦

CHASING AN ART DREAM

李禄兴 主编
袁 牧 王伟明 彭 博 编著

Chief compiler: Li Luxing
Compilers: Yuan Mu Wang Weiming Peng Bo

Sinolingua
华语教学出版社

First Edition 2019

ISBN 978-7-5138-1641-0

Published by Sinolingua Co., Ltd
24 Baiwanzhuang Road, Beijing 100037, China
Tel: (86)10-68320585 68997826
Fax: (86)10-68997826 68326333
http://www.sinolingua.com.cn
E-mail: hyjx@sinolingua.com.cn
Facebook: www.facebook.com/sinolingua
Printed by Beijing Xicheng Printing Co. Ltd

Printed in the People's Republic of China

编者的话

近年来，中国在国际上的影响力逐渐增强，很多人渴望了解中国，不仅想了解中国的古老文明，更希望了解当下的中国社会和普通中国人的日常生活。另外，随着孔子学院和孔子课堂在世界各地生根，大量学生，特别是中小学生在学习汉语过程中希望通过语言学习更直接地认识这个古老国家的今天是什么样子的。同时，笔者根据在海外多年的教学经历也体会到，如果一个学生对使用该语言的国家一无所知或知之不多，往往会影响他们对这种语言的学习兴趣。

了解中国，从细微处开始，于是有了这套“当代中国微记录”。这套书共10册，每一册着重介绍中国的某一方面，例如：饮食、交通、家庭，等等，针对新HSK水平考试5级以上汉语学习者，尽可能将词汇量限定在2500-3000范围以内，超范围词汇在词后直接加英文注释，以方便学习者阅读和理解。本套书以平民的视角、平实的语言和家长里短的故事性叙述，将当今中国的各个侧面展现在汉语学习者面前，汉语学习者可以边学汉语边达到了解现实中国的目的。为减轻学习者的畏难心理负担，每册书只有大概一万多汉字，并全部配有汉语拼音，附赠的拼音隐形卡可以给不需要拼音辅助的学习者提供帮助。书中有大量图片，便于学习者理解内容，对中国有更直观的认知。这套书可以作为孔子学院或孔子课堂的汉语教材使用，也可以做中国国情课的教材或汉语课外读物。

感知中国，从“当代中国微记录”开始！

编　者

目录 | CONTENTS

Zhōngguó Mínjiān Yìshù
中国民间艺术

Tāngmǔ duì Zhōngguó de mínjiān yìshù tèbié gǎn
汤姆 对 中国 的 民间 (folk) 艺术 特别 感

xìngqù, fàngjià de shíhou, Tāngmǔ hé tā de tóngxuémen dào
兴趣，放假 的 时候，汤姆 和 他 的 同学们 到

Tiānjīn hé Shāndōng cānguān niánhuà hé fēngzheng de zhìzuò
天津 和 山东 参观 年画 和 风筝 的 制作

guòchéng, liǎojiě Zhōngguó mínjiān yìshù .
过程，了解 中国 民间 艺术。

Tāmen dì-yī zhàn dàodá Tiānjīn de Yángliǔqīng Zhèn.
他们第一站到达天津的杨柳青镇。
Zhèli shì zhùmíng de Yángliǔqīng niánhuà de chǎndì. "Niánhuà"
这里是著名的杨柳青年画的产地。"年画"
shì Zhōngguóhuà de yì zhǒng, dàduō yòngyú xīnnián shí
是中国画的一种，大多用于新年时
zhāngtiē, yǒu zhùfú xīnnián de yìsi, suǒyǐ jiào
张贴 (put up)，有祝福新年的意思，所以叫
niánhuà. Zài Yángliǔqīng, dàochù kějiàn niánhuà, yǒu bàozhe
年画。在杨柳青，到处可见年画，有抱着
dà lǐyú de pàng wáwa, yě yǒu Guān Yǔ děng lìshǐ rénwù.
大鲤鱼的胖娃娃，也有关羽等历史人物。
Pàng wáwa shì Yángliǔqīng niánhuà de zhǔyào tícái, xiàngzhēng
胖娃娃是杨柳青年画的主要题材，象征
zhe xìngfú měihǎo. Měi yì fú niánhuà dōu yǒu yí gè hǎotīng
着幸福美好。每一幅年画都有一个好听
de míngzi, rú "liánnián-yǒuyú", "fúshòu-píng'ān",
的名字，如"连年有余"、"福寿平安"、
"wànxiàng-gēngxīn" děng. Zài yí gè gǔlǎo de zuōfang
"万象更新"等。在一个古老的作坊
li, lǎo yìrén wèi tóngxuémen
(workshop) 里，老艺人 (craftsman) 为同学们
zhǎnshìle Yángliǔqīng Niánhuà de zhìzuò guòchéng. Tā de
展示了杨柳青年画的制作过程。它的
zhìzuò fāngfǎ wéi "bàn yìn bàn huà", xiān kèchū
制作方法为"半印半画"，先刻出 (to carve)
túhuà, ránhòu yòng mò yìn zài zhǐ shang, tàoguo
图画，然后用墨 (ink) 印在纸上，套过

liǎng-sān cì yánsè hòu jiù wánchéng le . Měi yì fú niánhuà
两三 次 颜色 后 就 完成 了。每 一 幅 年画

dōu yào jīngguò cháng shíjiān nàixīn rènzhēn de huìhuà cái néng
都 要 经过 长 时间 耐心 认真 地 绘画 才 能

zhìzuò wánchéng . Yīnwèi niánhuà dōu shì shǒugōng zhìzuò de ,
制作 完成 。因为 年画 都 是 手工 制作 的，

zhè jiù duì mínjiān yìrén de jìshù shuǐpíng yāoqiú jí gāo .
这 就 对 民间 艺人 的 技术 水平 要求 极 高。

Rújīn , jùbèi gāochāo jìshù de gōngjiàng yǐjīng bù
如今，具备 高超 技术 的 工匠 (artisan) 已经 不

duō le , rénmen zhèngzài nǔlì xúnzhǎo xīn de fāngfǎ jiāng
多 了，人们 正在 努力 寻找 新 的 方法 将

Yángliǔqīng Niánhuà de zhìzuò jìyì liúchuán
杨柳青 年画 的 制作 技艺 流传 (impart and

xiàqu . Yángliǔqīng Niánhuà zuòwéi Zhōngguó mínjiān
inherit) 下去。杨柳青年画作为中国民间

yìshù de guībǎo , yǐjīng zǒuxiàng shìjiè , zài
艺术的瑰宝 (treasure)，已经走向世界，在

Rìběn , Fǎguó , Yīngguó , Yìdàlì , Tàiguó , Xīnjiāpō děng
日本、法国、英国、意大利、泰国、新加坡等

duō gè guójiā zhǎnlǎn .
多个国家展览。

Xià yí zhàn, tāmen láidào Shāndōng Wéifāng . Zhèli shì
下一站，他们来到山东潍坊。这里是

fēngzheng de fāyuándì , shì shìjiè fēngzheng zhī dōu . Tāmen
风筝的发源地，是世界风筝之都。他们

zài cānguānle Wéifāng Fēngzheng Bówùguǎn hòu , shēnshēn de bèi
在参观了潍坊风筝博物馆后，深深地被

nàli de fēngzheng xīyǐn le . Běnlái yǐwéi fēngzheng jiù shì
那里的 风筝 吸引了。本来以为 风筝 就是
yí jiàn wánjù , xiǎng bu dào xiǎoxiǎo de fēngzheng jìngrán néng
一件玩具，想不到 小小 的 风筝 竟然 能
zuòchū dà wénzhāng . Zhèxiē fēngzheng cáiliào jiǎngjiu , yàngshì
做出 大 文章 。这些 风筝 材料 讲究、样式
yōuměi , xíngxiàng shēngdòng , pǐnzhǒng zhòngduō , qǐfēi
优美、形象 生动 、品种 众多 、起飞
línghuó . Yǒu húdié , wúgōng , lǐyú
灵活。有 蝴蝶、蜈蚣 (centipede)、鲤鱼 (carp)
děng chuántǒng yàngzi , gèng yǒu xǔduō xīn yàngzi . Wéifāng de
等 传统 样子，更 有 许多 新 样子。潍坊 的
fēngzheng bùjǐn huà de hǎo , érqiě fēi de yòu gāo yòu yuǎn .
风筝 不仅 画 得 好，而且 飞 得 又 高 又 远。
Lǎo yìrén gàosu xuéshengmen , fēngzheng zuì zǎo shì yúlè
老 艺人 告诉 学生 们，风筝 最 早 是 娱乐
huódòng , hòulái rénmen bǎ zìjǐ de lǐxiǎng hé yuànwàng huà
活动，后来 人们 把 自己 的 理想 和 愿望 画
zài le fēngzheng shang , fàngfēi tiānkōng , xīwàng nénggòu
在 了 风筝 上，放飞 天空，希望 能够
shíxiàn . Ér rújīn , Wéifāng de fēngzheng yǐjīng chéngwéile
实现。而 如今，潍坊 的 风筝 已经 成为了
yìshù pǐn .
艺术品。

Zài Wéifāng cānguān de shíhou , tāmen bèi yí zuò fángzi
在 潍坊 参观 的 时候，他们 被 一 座 房子
chuānghu shang de chuānghuā
窗户 上 的 窗花 (paper cutout for window

suǒ xīyǐn . Zhèxiē
decoration) 所吸引。这些
měilì de chuānghuā shì fángzi de
美丽的窗花是房子的
zhǔren Mèng Āpó jiǎn de . Āpó
主人孟阿婆剪的。阿婆
jīnnián yǐjīng suì le , shēntǐ
今年已经86岁了，身体
tèbié jiànkāng . Zài tóngxuémen de
特别健康。在同学们的
yāoqiú xià , Āpó gěi dàjiā kànle
要求下，阿婆给大家看了
tā de zuòpǐn , yǒu shí'èr shēngxiào , Cháng'é bènyuè tú ,
她的作品，有十二生肖、嫦娥奔月①图、
lǐyú tiào lóngmén děngděng , měilì jí le . Zuì ràng Tāngmǔ
鲤鱼跳龙门②等等，美丽极了。最让汤姆
xǐhuan de shì Āpó de liǎng fú liánhuánhuà
喜欢的是阿婆的两幅连环画(picture
jiǎnzhǐ zuòpǐn , Báixuě gōngzhǔ hé Huīgūniang .
storybook)剪纸作品，白雪公主和灰姑娘。

---

① An ancient Chinese legend tells of the story of Chang'e and her flight to the moon. In ages past it was said that there were ten suns in the sky, the heat from which caused a serious drought on earth. To save the people of earth, a great archer named Houyi shot nine of the ten suns from the sky. For his actions, the Empress of Heaven rewarded him with the elixir of immortality, but his wife, Chang'e, accidentally drank the elixir. After that, Chang'e transformed into a fairy and flew to the moon. To punish Chang'e for her indiscretions, the Empress of Heaven imprisoned Chang'e on the moon.

② A Little Carp Jumping Over the Dragon Gate: An ancient legend has it that a carp can become a dragon if it jumps over a dragon gate in defiance of all difficulties. It signifies that one will succeed if one aims high amid adversity.

Tóngxuémen wèn Āpó ："Āpó ， nǐ zěnme huì xiǎng qǐlai
同学们 问 阿婆："阿婆，你 怎么 会 想 起来

jiǎn Ōuzhōu tónghuà gùshi ne ？" Āpó shuō："Wǒ nǎ dǒng
剪 欧洲 童话 故事 呢？"阿婆 说："我 哪 懂

shénme Ōuzhōu tónghuà gùshi ， wǒ yì tiān shū dōu méi dúguo .
什么 欧洲 童话 故事，我 一 天 书 都 没 读过。

Zhè shì wèile hǒng xiǎo sūnnü wán ， ànzhào tā jiǎng de gùshi
这 是 为了 哄 小 孙女 玩，按照 她 讲 的 故事

xiā jiǎn de . Tāmen dōu bānzǒu le ， zhǐ yǒu fàngjià cái néng
瞎 剪 的。他们 都 搬走 了，只 有 放假 才 能

huílai kànkan wǒ zhège lǎotàitai . Xiǎo sūnnü hái shuō xià cì
回来 看看 我 这个 老太太。小 孙女 还 说 下次

huílai zài gěi wǒ jiǎng gè shénme gùshi ， ràng wǒ gěi tā jiǎn
回来 再 给 我 讲 个 什么 故事，让 我 给 她 剪

chūlai ne ." Hěn nán xiǎngxiàng yí gè méiyǒu dúguo shū de
出来 呢。"很 难 想象 一 个 没有 读过 书 的

lǎonǎinai huì jiǎnchū zhème měihǎo de gùshi ， jiù shì qǐng yí
老奶奶 会 剪出 这么 美好 的 故事，就 是 请 一

wèi zhuānyè měishù gōngzuòzhě yě wèibì néng wánchéng . Zhè
位 专业 美术 工作者 也 未必 能 完成。这

zhèngshì ， yìshù láizì shēnghuó ， Zhōngguó de mínjiān yìshù
正是，艺术 来自 生活，中国 的 民间 艺术

gèng shì láizì shēnghuó . Tóngshí ， zhè yě zhèngmíngle yìshù
更 是 来自 生活。同时，这 也 证明了 艺术

shì bù fēn guójiā de .
是 不 分 国家 的。

Jiàqī hěn kuài jiù jiéshù le . Suīrán zhè cì zhǐ kànle
假期 很 快 就 结束 了。虽然 这 次 只 看了

Yángliǔqīng Niánhuà hé Shāndōng de fēngzheng , jiǎnzhǐ , kěshì
杨柳青 年画 和 山东 的 风筝 、剪纸，可是
Tāngmǔ yǐjīng bèi Zhōngguó mínjiān yìshù de mèilì xīyǐn le .
汤姆 已经 被 中国 民间艺术 的 魅力 吸引 了。
Zài yǐhòu de jiàqī zhōng , Tāngmǔ hái xiǎng qù gèng duō de
在 以后 的 假期 中，汤姆 还 想 去 更 多 的
dìfang , jiànshi gèng duō de
地方，见识 (widen one's knowledge) 更 多 的
Zhōngguó mínjiān yìshù .
中国 民间 艺术。

Yuèshì mínzú de , jiù yuèshì shìjiè de . Zhōngguó de
越是 民族 的，就 越是 世界 的。中国 的
mínjiān yìshù zhèngzài yòng tā de mèilì xīyǐn quán shìjiè de
民间艺术 正在 用 它 的 魅力 吸引 全世界 的
mùguāng , chéngwéi quán shìjiè de cáifù .
目光，成为 全世界 的 财富。

Xiǎoxiǎo Guóhuàshī
小小国画师

Qiānxǐ zhī nián, Luòyáng Shì de Jiāng
千禧 (millennium) 之年，洛阳市的姜

Shān fūfù yínglái le tāmen de érzi xiǎo Qiānxǐ. Zài
山夫妇迎来了他们的儿子小千禧。在

tāmen de zhàogù xià, xiǎo Qiānxǐ yì tiāntiān zhǎngdà le,
他们的照顾下，小千禧一天天长大了，

kěshì què yìzhí bù kāi kǒu jiǎnghuà. Wèi cǐ, jiāng Shān
可是却一直不开口讲话。为此，姜山

fūfù dàizhe xiǎo Qiānxǐ qùguo xǔduō yīyuàn, zuìzhōng de
夫妇带着小千禧去过许多医院，最终的
zhěnduàn jiéguǒ shì xiāntiānxìng zìbìzhèng
诊断结果是先天性自闭症(congenital
. Jīngguò duō cì zhìliáo, xiǎo Qiānxǐ de zìbìzhèng
autism)。经过多次治疗，小千禧的自闭症
méiyǒu míngxiǎn de hǎozhuǎn. Yóuyú xiǎo Qiānxǐ líbukāi
没有明显的好转。由于小千禧离不开
rén, fūqī liǎ de gōngzuò yòu bǐjiào máng, wúnài zhī xià,
人，夫妻俩的工作又比较忙，无奈之下，
Jiāng Shān jiāng háizi sòngdào le Ānyáng Shì de lǎo fùmǔ
姜山将孩子送到了安阳市的老父母
jiā zhōng.
家中。

Zài xiǎo Qiānxǐ suì nà nián, yéye ǒurán
在小千禧5岁那年，爷爷偶然(by chance)
jiān kàndàole tā huà de huàr, huāhuācǎocǎo, xiǎo māo xiǎo
间看到了他画的画儿，花花草草、小猫小
gǒu dōu huà de hěn xíngxiàng, wánquán bú xiàng shì chūzì yí
狗都画得很形象，完全不像是出自一
gè suì háizi zhī shǒu. Cóngcǐ, yéye zhuózhòng péiyǎng
个5岁孩子之手。从此，爷爷着重培养
qǐ xiǎo Qiānxǐ de huìhuà cáinéng, tā xīwàng xiǎo Qiānxǐ kěyǐ
起小千禧的绘画才能，他希望小千禧可以
tōngguò huìhuà lái biǎodá tā de nèixīn shìjiè. Xiǎo Qiānxǐ bǎ
通过绘画来表达他的内心世界。小千禧把
dàbùfen de shíjiān dōu yòng lái huàhuà, huà xiǎo māo xiǎo
大部分的时间都用来画画，画小猫小

gǒu, huà xiǎo hé xiǎo shān, kěshì tā de huà zhōng cónglái
狗，画小河小山，可是他的画中从来
méiyǒu chūxiànguo sècǎi. Zhídào yǒu yì tiān, yéye zài zìjǐ
没有出现过色彩。直到有一天，爷爷在自己
xiězìtái de xuānzhǐ
写字台的宣纸 (Xuan paper for Chinese calligraphy)
shang kàndào yì duǒ měilì de mǔdanhuā. Yéye fēicháng
上看到一朵美丽的牡丹花。爷爷非常
gāoxìng, tā zhōngyú kàndào le xiǎo Qiānxǐ xīnzhōng de cǎisè
高兴，他终于看到了小千禧心中的彩色
shìjiè. Xiǎo Qiānxǐ duì yéye shuō, tā xiǎng xuéxí huà mǔdan
世界。小千禧对爷爷说，他想学习画牡丹
huā, xiǎng xuéxí yòng máobǐ huàhuà. Yéye zài yìshù xuéxiào
花，想学习用毛笔画画。爷爷在艺术学校
gěi tā zhǎole gè guóhuà lǎoshī, yé sūn liǎ kāishǐ gòngtóng
给他找了个国画老师，爷孙俩开始共同
xuéxí guóhuà. Xiǎo Qiānxǐ de huìhuà cáinéng hěn kuài biǎoxiàn
学习国画。小千禧的绘画才能很快表现
chūlai, tā xué de hěn kuài, lǎoshī zhǐ xūyào jiǎng yí cì,
出来，他学得很快，老师只需要讲一次，
tā jiù néng xuéhuì.
他就能学会。

"Guóhuà" jí Zhōngguóhuà, shì Zhōngguó dúyǒu de yì
"国画"即中国画，是中国独有的一
zhǒng huìhuà xíngshì, yòng máobǐ zhànshàng mòzhī hé yánliào
种绘画形式，用毛笔蘸上墨汁和颜料
zài xuānzhǐ huò juànbó shang zuòhuà, hěn nán huà,
在宣纸或绢帛 (thin silk) 上作画，很难画，

gèng nán huàhǎo. Zài lǎoshī de bāngzhù xià, xiǎo Qiānxǐ hěn
更难画好。在老师的帮助下，小千禧很

kuài zhǎngwòle guó huà de jīběn huàfǎ, tā hái línmó
快掌握了国画的基本画法，他还临摹

qǐ Qí Báishí, Xú
(practise calligraphy from a model) 起齐白石、徐

Bēihóngděng guóhuà dàshī de zuòpǐn. Yǒu yí cì, yéye bǎ
悲鸿等国画大师的作品。有一次，爷爷把

xiǎo Qiānxǐ línmó de Xú Bēihóng dàshī de mǎ dài dào gǔwán
小千禧临摹的徐悲鸿大师的马带到古玩

shìchǎng, jìngrán piànguòle hǎo jǐ wèi guóhuà
(antique) 市场，竟然骗过了好几位国画

shōucángjiā de yǎnjing. Xiǎo Qiānxǐ shēnshēn de
收藏家 (collector) 的眼睛。小千禧深深地

àishàng le guóhuà, tā ài huà shānshuǐ, rénwù, gèng ài
爱上了国画，他爱画山水、人物，更爱

huà dòngwù, huācǎo, zuì ài huà de shì mǔdanhuā. Tā
画动物、花草，最爱画的是牡丹花。他

jīngcháng jiǔjiǔ de guānchá yuánzi li de mǔdanhuā, ránhòu
经常久久地观察园子里的牡丹花，然后

fǎnfù de huà mǔdan huā. Tā bǐxià de mǔdan shēngdòng
反复地画牡丹花。他笔下的牡丹生动

xíngxiàng, xǔxǔ-rúshēng
形象、栩栩如生 (vivid and lifelike)。

Tōngguò huìhuà, xiǎo Qiānxǐ kāilǎngle xǔduō. Tā kāishǐ
通过绘画，小千禧开朗了许多。他开始

zhǔdòng xiàng lǎoshī qǐngjiào huìhuà shang de wèntí, yǔ yéye
主动向老师请教绘画上的问题，与爷爷

rènzhēn jiāoliú, hái xiàng
认真 交流，还 向
fùmǔ tíchūle yào qù
父母 提出了 要 去
Luòyáng kàn mǔdan de
洛阳 看 牡丹 的
yāoqiú. Yǔ guóhuà jiāole
要求。与 国画 交了
péngyou zhīhòu, xiǎo Qiānxǐ
朋友 之后，小 千禧
kuàilèle xǔduō, tā
快乐了 许多，他
kāishǐ tōngguò huàhuà yǔ
开始 通过 画画 与
biéren jiāoliú. Qùnián,
别人 交流。去年，
yéye wèi xiǎo Qiānxǐ
爷爷 为 小 千禧
jǔbànle yì chǎng huàzhǎn, gòng zhǎnchū guóhuà zuòpǐn
举办了 一 场 画展，共 展出 国画 作品 78
fú. Zài huàzhǎn shang, xǔduō guóhuà jiā hé guóhuà àihàozhě
幅。在 画展 上，许多 国画家 和 国画 爱好者
fēicháng xǐhuan xiǎo Qiānxǐ de huà, yìxiē cānguānzhě zhǔdòng
非常 喜欢 小 千禧 的 画，一些 参观者 主动
tíchū yào gòumǎi tā de huà. Tāmen xiāngxìn xiǎo Qiānxǐ yǐhòu
提出 要 购买 他 的 画。他们 相信 小 千禧 以后
yídìng huì chéngwéi guóhuà dàshī.
一定 会 成为 国画 大师。

Xiǎo Qiānxǐ qiāoqiāo de gēn yéye shuō, tā bù xiǎng
小千禧悄悄地跟爷爷说，他不想
chéngwéi dà huàjiā, tā zhǐ xiǎng huà mǔdan. Tā xīwàng
成为大画家，他只想画牡丹。他希望
zìjǐ nénggòu kǎoshàng Zhōngyāng Měiyuàn Fùzhōng, xiàng
自己能够考上中央美院附中，向
lǎoshī xuéxí huà gèzhǒng gèyàng de mǔdan.
老师学习画各种各样的牡丹。

Shūfǎ Yìshù De Chuánchéngzhě

书法艺术的传承者

Qùnián qiūjì , Lǎo Hú tuìxiū le . Tuìxiū hòu , tā bǎ
去年 秋季，老 胡 退休 了。退休 后，他 把
quánbù jīnglì fàngdào tā yìzhí xiǎng zuò de shìqing shang
全部 精力 放到 他 一直 想 做 的 事情 上
—— zài shàoniángōng bànle yí gè shūfǎbān , jiāo xiǎoháizi
——在 少年宫 办了 一 个 书法班，教 小孩子
xiě shūfǎ .
写 书法。

Lǎo Hú shì yí gè xiǎoyǒu-míngqi de bùduì shūfǎjiā ,
老胡是一个小有名气的部队书法家，
hòulái chéngwéi shěng Shūfǎjiā Xiéhuì Lǐshìzhǎng
后来成为省书法家协会 (association) 理事长
. Tā zài nóngcūn chūshēng zài nóngcūn
(president, chairman)。他在农村出生在农村
zhǎngdà , fùqin shì cūn li de sīshú
长大，父亲是村里的私塾 (old-style private
xiānsheng , xiě de yìshǒu hǎo zì . Zài fùqin de
school) 先生，写得一手好字。在父亲的
yǐngxiǎng xià , tā cóngxiǎo jiù xǐhuan shàng le shūfǎ . Nà
影响下，他从小就喜欢上了书法。那
shíhou jiā li tiáojiàn chà , mǎibuqǐ bǐmòzhǐyàn ,
时候家里条件差，买不起笔墨纸砚 (ink stone)，
tā jiù ná shùzhī zài dì shang liànxí . suì de shíhou , Lǎo
他就拿树枝在地上练习。16 岁的时候，老
Hú cānjūn le . Dàole bùduì , tā rènzhēn
胡参军了。到了部队，他认真 (be intoxicated
xuéxí wénhuà zhīshi , yě kāishǐ xuéxí hé liànxí shūfǎ .
in) 学习文化知识，也开始学习和练习书法。
Tā cóng bùduì túshūshì jièlái Yán Zhēnqīng de zìtiè
他从部队图书室借来颜真卿①的字帖

① Yan Zhenqing (709-785) was an outstanding Chinese calligrapher in the Tang Dynasty who paralleled his predecessor, the Sage of Calligraphy, Wang Xizhi (303-361). He specialized in cursive script and running script, and his overall style was characterized by strength, boldness and grandeur, which paved the way for a new realm of Chinese calligraphy and fully exhibited his achievement as a master calligrapher.

, yòu yòng jīntiē mǎilái le
(copybook for calligraphy)，又用津贴买来了

bǐmòzhǐyàn . Tā cóng línmó kāishǐ , měi tiān dōu yào xiě
笔墨纸砚。他从临摹开始，每天都要写100

gè zì , zài máng zài lěi dōu méiyǒu jiànduàn guo . Zhīhòu ,
个字，再忙再累都没有间断过。之后，

tā yòu línmóle Liǔ Gōngquán de kǎishū hé Wáng Xīzhī de
他又临摹了柳公权①的楷书和王羲之②的

xíngshū . Jiànjiàn de , Lǎo Hú zài bùduì zhōng yǒule xiē
行书。渐渐地，老胡在部队中有了些

míngqi , guònián de shíhou zǒng yǒu xǔduō rén zhǎo tā xiě
名气，过年的时候总有许多人找他写

chūnlián , píngrì li yě yǒu yìxiē
春联 (Spring Festival couplets)，平日里也有一些

rén qǐng tā bāngmáng xiě zì . Lǎo Hú bǎ tā quánbù de
人请他帮忙写字。老胡把他全部的

yèyú shíjiān dōu gěile shūfǎ . Xiūxi de shíhou , tā huòshì
业余时间都给了书法。休息的时候，他或是

qù kàn shūfǎ zhǎnlǎn , huòshì dài zhe zìjǐ de zuòpǐn qù
去看书法展览，或是带着自己的作品去

---

① Liu Gongquan (778-865) was a great Chinese calligrapher in the Tang Dynasty. As a follower of Yan Zhenqing's style, his characters are thinner than that of Yan. He is often referred to simultaneously with his famed predecessor as "Yan-Liu"; the style of their calligraphy works is known as "Yan's tendons and Liu's bones", referring to the energy and virile beauty the works display.

② Wang Xizhi (303-361) was a Chinese calligrapher who lived during the Eastern Jin Dynasty (317-420). He was a master in all forms of Chinese calligraphy, including cursive script, regular script and running script. Considered to be the most esteemed calligrapher, he is referred to as the Sage of Calligraphy.

qǐngjiào shūfǎ jiàoshī, qǐngqiú tāmen jǐyǔ pīpíng zhǐzhèng.
请教书法教师，请求他们给予批评指正。
Lǎo Hú de àiren shuō: “Tán liàn'ài de shíhou, wǒ zài
老胡的爱人说：“谈恋爱的时候，我在
dìfāng, tā zài bùduì, měi xīngqī zhǐyǒu zhōumò néng jiànshàng
地方，他在部队，每星期只有周末能见上
yí miàn. Kěshì měi cì jiànmiàn de dìdiǎn dōu yuē zài
一面。可是每次见面的地点都约在
zhǎnlǎnguǎn, měi cì dōu shì wǒ péi tā kàn shūfǎ zhǎnlǎn.
展览馆，每次都是我陪他看书法展览。
Nà shíhou zhēn juéde tā fēngkuáng, zhēn xiǎng fàngqì hé tā
那时候真觉得他疯狂，真想放弃和他
liàn'ài. Kěshì jièshàorén shuōfúle wǒ. Tā shuō, nǐ kàn Lǎo
恋爱。可是介绍人说服了我。他说，你看老
Hú zhè rén duì shūfǎ de rènzhēn jiù shuōmíng tā shì gè zhídé
胡这人对书法的认真就说明他是个值得
xìnrèn de rén, jià gěi tā bú huì cuò de.”
信任的人，嫁给他不会错的。”

Lǎo Hú de shēnghuó líbukāi shūfǎ, tā jiānchí měi tiān
老胡的生活离不开书法，他坚持每天
liànxí xiě zì, zhǐyào yì tiān bù xiě zì jiù shǒu yǎng. Lǎo
练习写字，只要一天不写字就手痒。老
Hú shuō, shūfǎ shì tā de lìng yì zhǒng rénshēng, tā jiāng
胡说，书法是他的另一种人生，他将
zìjǐ de rénshēng jīnglì xiědào le zì li.
自己的人生经历写到了字里。

Kàndào xiànzài liànxí shūfǎ de háizi yuèláiyuè shǎo, Lǎo
看到现在练习书法的孩子越来越少，老

Hú yǒuxiē dānxīn. Suízhe jìsuànjī de yìngyòng, rénmen yòng
胡有些担心。随着计算机的应用，人们用
jiànpán qǔdàile bǐ, gèng búyòng shuō xiě shūfǎ
键盘 (keyboard) 取代了笔，更不用说写书法
le. Suīrán yòng jìsuànjī dǎzì gèngjiā fāngbiàn le, kěshì
了。虽然用计算机打字更加方便了，可是
Zhōnghuá mínzú de chuántǒng yìshù bǎobèi bù néng diū a!
中华民族的传统艺术宝贝不能丢啊！
Shūfǎ, bù zhǐshì yì zhǒng yìshù xíngshì, tā gèng dà de
书法，不只是一种艺术形式，它更大的
mèilì zàiyú měi yì bǐ měi yí huá zhōng dōu bāohán
魅力在于每一笔每一画中都包含 (to
zhe shēnkè de zhélǐ yǔ rénshēng gǎnwù
contain) 着深刻的哲理与人生感悟
. Rén cháng shuō "zì rú qí rén", cóng zì
(reflections)。人常说“字如其人”，从字
kěyǐ kànchū rén de xìnggé. Yán Zhēnqīng de zì pángbó
可以看出人的性格。颜真卿的字磅礴
dàqì jiù xiàng tā de jiānqiáng, Ōuyáng Xún de zì
(mighty) 大气就像他的坚强，欧阳询的字
duānzhuāng yǎzhì jiù xiàng tā de
端庄雅致 (dignified and tasteful) 就像他的
kuānróng lèguān, Wáng Xīzhī de zì wěiwǎn hánxù
宽容乐观，王羲之的字委婉含蓄 (implicit
jiù xiàng tā de pínghé zìrán …… zhèng
and restrained) 就像他的平和自然……正
suǒwèi "liànzì liàn rén gèng liàn xīn": Shūfǎ bú xiàng huìhuà
所谓“练字练人更练心”。书法不像绘画

nàyàng kěyǐ yòng bǐmò lái yǎnshì xiácī , tā de
那样可以用笔墨来掩饰瑕疵(flaw)，它的
xiácī wúfǎ yǐncáng , tā jiù zài nàli tíxǐngzhe nǐ , zhǐyǒu
瑕疵无法隐藏，它就在那里提醒着你，只有
jīngguò qiānwàn cì de fǎnfù liànxí shúliàn zhǎngwò jìfǎ cái
经过千万次的反复练习熟练掌握技法才
néng bìmiǎn xiácī . Liànzì de guòchéng shì xīnkǔ de , yīnwèi
能避免瑕疵。练字的过程是辛苦的，因为
zhèli méiyǒu jiéjìng , zhǐyǒu liànxí cái néng huòdé
这里没有捷径(shortcut)，只有练习才能获得
chénggōng . Liànzì shì yǔ zìjǐ nèixīn de jiāoliú , tā yāoqiú
成功。练字是与自己内心的交流，它要求
nǐ màn xiàlai , yì bǐ yí huá de mànmān shūxiě , suízhe
你慢下来，一笔一画地慢慢书写，随着
bǐfēng de qǐluò , xīn yě pínghé xiàlai .
笔锋(tip of the brush)的起落，心也平和下来。

Zhèxiē nián , Lǎo Hú cóng zìjǐ de liànzì jīnglì zhōng
这些年，老胡从自己的练字经历中
dédàole xǔduō rénshēng gǎnwù : Yī shì yào rènzhēn , èr shì
得到了许多人生感悟：一是要认真，二是
yào jiānchí , sān shì yào yǒu nàixīn . Lǎo Hú shuō , nénggòu
要坚持，三是要有耐心。老胡说，能够
zuòdào zhèxiē bùjǐn zài shūfǎ yìshù shanghuì qǔdé chéngjì ,
做到这些不仅在书法艺术上会取得成绩，
zài gèháng gèyè dōu huì huòdé chénggōng . Lǎo Hú hái shuō ,
在各行各业都会获得成功。老胡还说，
shūfǎ shì zǔxiān liúchuán xiàlai de bǎoguì wénhuà cáifù , tā
书法是祖先流传下来的宝贵文化财富，他

huì yòng zìjǐ de nǔlì pǔjí shūfǎ jiàoyù .
会用自己的努力普及书法教育。

Xiànzài, Lǎo Hú měi gè xīngqī yào dào shàoniángōng shàng
现在，老胡每个星期要到少年宫上8
cì kè, tā de xuésheng yǐjīng yǒu duō rén. Jiē xiàlai,
次课，他的学生已经有300多人。接下来，
Lǎo Hú xiǎng yào bàn yí gè miànxiàng chéngniánrén de shūfǎ
老胡想要办一个面向成年人的书法
péixùnbān, zhòngdiǎn kāifā shūfǎ duì nèixīn de zuòyòng, ràng
培训班，重点开发书法对内心的作用，让
zài jǐnzhāng jiézòu xià shēnghuó, gōngzuò de rénmen jiànlì
在紧张节奏下生活、工作的人们建立
pínghé, dàndìng , lèguān de shēnghuó tàidù .
平和、淡定(calm)、乐观的生活态度。

Lǎowài Yě Ài Chàng Jīngjù

老外也爱唱京剧

Éluósī gūniang Lìshā shì yì míng zài Zhōngguó qiúxué
俄罗斯 姑娘 丽莎 是 一 名 在 中国 求学

de liúxuéshēng. Gāng dào Běijīng de shíhou, tā qù kànle yì
的 留学生。 刚 到 北京 的 时候，她 去 看了 一

chǎng jīngjù yǎnchū, nà chǎngmiàn zhìjīn ràng tā jìyìyóuxīn
场 京剧 演出，那 场面 至今 让 她 记忆犹新

. Zài zhǐyǒu yì zhuō liǎng
(remain fresh in one's memory)。在 只有 一 桌 两

yǐ de wǔtái shang, yí gè měilì de nǚ yǎnyuán zài wǔtái
椅的舞台上，一个美丽的女演员在舞台

shang bànzhe sīxián chàngzhe, tā de fúzhuāng hé
上伴着丝弦 (silkstring) 唱着，她的服装和

tóushì dōu hěn měi. Lìshā shuō, dì-yī cì kàn xì shí suīrán
头饰都很美。丽莎说，第一次看戏时虽然

yóuyú yǔyán wèntí méi tài kàndǒng, tīngdào de chàngqiāng hé
由于语言问题没太看懂，听到的唱腔和

yīnyuè yě juéde yǒu diǎnr qíguài, dànshì zhè yìdiǎnr yě
音乐也觉得有点儿奇怪，但是这一点儿也

bù yǐngxiǎng tā duì jīngjù de xǐ'ài. Hǎokàn de fúshì hé
不影响她对京剧的喜爱。好看的服饰和

liǎnpǔ, jīngcǎi de wǔdǎ chǎngmiàn shēnshēn de xīyǐnle
脸谱①、精彩的武打场面深深地吸引了

tā. Yuánlái tā yìzhí yǐwéi Éluósī de bāléiwǔ shì shìjiè
她。原来她一直以为俄罗斯的芭蕾舞是世界

shang zuì měi de yìshù biǎoxiàn xíngshì, méi xiǎngdào jīngjù dài
上最美的艺术表现形式，没想到京剧带

gěi le tā lìngwài yì zhǒng měi.
给了她另外一种美。

Jīngjù, bèi yùwéi Zhōngguó de "guócuì
京剧，被誉为中国的“国粹 (quintessence

", shì zuì jùyǒu Zhōngguó tèsè de
of Chinese culture)”，是最具有中国特色的

yìshù biǎoxiàn xíngshì, shì Zhōnghuá mínzú de yìshù guībǎo.
艺术表现形式，是中华民族的艺术瑰宝。

---

① It is a special type of facial makeup in traditional Chinese operas, in which different types of makeup indicate different personality traits.

Jīngjù dànshēng zhìjīn yǐ yǒu duō nián de lìshǐ, yīnwèi
京剧诞生至今已有200多年的历史，因为
xíngchéng yú Běijīng ér dé míng. nián, jīngjù bèi xuǎn
形成于北京而得名。2010年，京剧被选
wéi rénlèi fēi wùzhì wénhuà yíchǎn.
为人类非物质文化遗产。

Chūcì jiēchù jīngjù, Lìshā jiù àishàngle zhè mén gǔlǎo
初次接触京剧，丽莎就爱上了这门古老
de yìshù. Tā chǎnshēngle xuéxí jīngjù de xiǎngfǎ. Jīngjù
的艺术。她产生了学习京剧的想法。京剧
shì yì zhǒng zōnghé de wǔtái yìshù, bāohán wénxué, biǎoyǎn,
是一种综合的舞台艺术，包含文学、表演、
yīnyuè, chàngqiāng děng duō zhǒng yuánsù, xué jīngjù duìyú
音乐、唱腔等多种元素，学京剧对于
yí gè wàiguórén láishuō shì jíqí kùnnan de. Wèile nénggòu
一个外国人来说是极其困难的。为了能够
xuéxí jīngjù, Lìshā kāishǐ xuéxí Hànyǔ hé Zhōngguó wénxué.
学习京剧，丽莎开始学习汉语和中国文学。
Tōngguò nǔlì, Lìshā liǎojiěle jīngjù zhōng xǔduō chuántǒng
通过努力，丽莎了解了京剧中许多传统
qǔmù de gùshi qíngjié. Tā gèngjiā pòqiè de xiǎng yào chàng
曲目的故事情节。她更加迫切地想要唱
jīngjù. Zài Zhōngguó wénxué lǎoshī de jièshào xià, Lìshā bài
京剧。在中国文学老师的介绍下，丽莎拜
Zhōngguó Xìqǔ Xuéyuàn de yí wèi jiàoshòu wéi shī, zhuānmén
中国戏曲学院的一位教授为师，专门
xuéxí jīngjù biǎoyǎn. Gēnjù Lìshā de wàixíng tiáojiàn hé
学习京剧表演。根据丽莎的外形条件和

shēngyīn tèdiǎn, lǎoshī wèi tā xuǎnzéle qīngyī ① juésè.
声音特点，老师为她选择了青衣①角色。
Lìshā yuánběn jiù zhīdào xué jīngjù hěn nán, kěshì méi
丽莎原本就知道学京剧很难，可是没
xiǎngdào shì zhème de nán. Měi tiān qǐ zǎo jiù yào diàosǎngzi ②,
想到是这么的难。每天起早就要吊嗓子②，
ránhòu hái děi liànxí "chàng, niàn, zuò, dǎ" de
然后还得练习“唱、念、做、打”的

---

① Qingyi, one of the main divisions of the female roles in traditional Chinese opera, portrays faithful wives, chaste women, and maidens in distress or poverty but always noble in character.

② Diaosangzi (exercising the voice) is an essential technique often used by performers of Chinese traditional operas, including Peking Opera. The performer walks and sings while keeping a relaxed posture when practicing *diaosangzi*. After two or three hours of this exercise, stage performers feel relaxed and able to play their roles, while their voices will remain clear and bold during their performances.

jīběngōng . Chúcǐ zhīwài , háiyào liǎojiě jīnghú
基本功。除此之外，还要了解京胡 (Peking opera

, xiánzi
fiddle)、弦子 (a three-stringed plucked musical

, dàgǔ , suǒnà
instrument)、大鼓 (big drum)、唢呐 (a Chinese

děng bànzòu yuèqì de
trumpet-like brass instrument)[1] 等伴奏乐器的

tèdiǎn , fāngbiàn wánchéng yǔ yuèduì jiān de pèihé . Lìshā zuì
特点，方便完成与乐队间的配合。丽莎最

xǐhuan de kèchéng shì liǎnpǔkè , zài kè shang tā xuédào le
喜欢的课程是脸谱课，在课上她学到了

bùtóng liǎnpǔ de bùtóng hányì , érqiě tā xuéhuìle gōuhuà
不同脸谱的不同含义，而且她学会了勾画

① traditional music instruments used in Peking opera

liǎnpǔ. Kàndào jìngzi li huàhǎo liǎnpǔ de zìjǐ, Lìshā de
脸谱。看到镜子里画好脸谱的自己，丽莎的
xīnli měi de kāile huā.
心里美得开了花。

Lìshā yǒngyuǎn yě búhuì wàngjì zìjǐ dì-yī cì huà
丽莎永远也不会忘记自己第一次化
shàng zhuāngróng, dàishàng xíngtou, chuān shàng xìfú
上妆容、带上行头①、穿上戏服
shàngtái yǎnchū de qíngjǐng. Lìshā jìde nà shì yì chū
上台演出的情景。丽莎记得那是一出
《Báishé Zhuàn》. Suīrán zhǐshì xuéxiào li de yǎnchū, suīrán
《白蛇传》。虽然只是学校里的演出，虽然
guānzhòng zhǐyǒu nàme jǐshí rén, dànshì zhè bìjìng shì tā
观众只有那么几十人，但是这毕竟是她
mèngxiǎng zhōng de wǔtái. Zài luógǔ yuèqì de bànzòu xià,
梦想中的舞台。在锣鼓乐器的伴奏下，
tā rènzhēn de biǎoyǎn, tōngguò chàngqiāng, niànbái, xíngtǐ
她认真地表演，通过唱腔②、念白③、形体
hé wǔdǎ dòngzuò biǎoxiàn gùshi qíngjié fāzhǎn hé qíngxù
和武打动作表现故事情节发展和情绪
biànhuà.
变化。

Jīngjù zài biǎoxiàn xíngshì shang lèisì Yìdàlì de
京剧在表现形式上类似意大利的

① costumes and paraphernalia for actors of traditional Chinese opera

② singing in traditional Chinese opera

③ the spoken part in traditional Chinese operas: a unique artistic way of presenting characters' inner feelings

gējù , dànshì , bǐ gējù gèngwéi fùzá . Gējù de biǎoxiàn
歌剧，但是，比歌剧更为复杂。歌剧的表现

shǒufǎ zhòng zài xiěshí ,
手法重在写实 (realistic presentation or perform)，

ér jīngjù zhòng zài xiěyì
而京剧重在写意 (presentation or performance in

. Jīngjù gèng xiàng shì xìjù ,
an artistically free style)。京剧更像是戏剧、

gējù , wǔjù hé yǎjù de zōnghétǐ . Zhè
歌剧、舞剧和哑剧 (dumb show) 的综合体。这

zhǒng fùzáxìng shǐdé jīngjù biǎoyǎnzhě bìxū jùbèi hěn hǎo
种复杂性使得京剧表演者必须具备很好

de jīběngōng , hěn duō jīngjù yǎnyuán dōu shì cóng sì-wǔ suì
的基本功，很多京剧演员都是从四五岁

kāishǐ zhuānyè xùnliàn de . Jīngjù biǎoyǎn , zhēnzhèng tǐxiànle
开始专业训练的。京剧表演，真正体现了

“ táishàng yì fēnzhōng , táixià shí nián gōng ” de yìyì .
“台上一分钟，台下十年功”的意义。

Tōngguò kèkǔ de xuéxí hé xùnliàn , Lìshā jīběn
通过刻苦的学习和训练，丽莎基本

zhǎngwòle jīngjù de yǎnchàng jìfǎ . Wèile xuéhǎo jīngjù ,
掌握了京剧的演唱技法。为了学好京剧，

Lìshā hái jīngcháng qù Běijīng de gè dà “ piàoyǒu ”
丽莎还经常去北京的各大“票友[1]”

jùhuìdì , xiàng “ piàoyǒu ” men xuéxí . Jīngjù bùjǐn shì
聚会地，向“票友”们学习。京剧不仅是

① amateur performer

wǔtái shang de yìshù, gèng shì rénmen shēnghuó zhōng de
舞台上的艺术，更是人们生活中的

yìshù. Zài gōngyuán, wénhuà huódong zhōngxīn děng gōnggòng
艺术。在公园、文化活动中心等公共

chǎngsuǒ, jīngcháng yǒu yìxiē jīngjù àihàozhěmen jù zài
场所，经常有一些京剧爱好者们聚在

yìqǐ, lāzhe húqin, chàng zhe xuǎnduàn, qiēcuō
一起，拉着胡琴，唱着选段，切磋 (learn

jìyì. Jiànjiàn de,
from each other by exchanging) 技艺。渐渐地，

zhège wàiguó gūniang shòudàole rénmen de guānzhù, yě
这个外国姑娘受到了人们的关注，也

huòdéle kěndìng, tā chéngle jīngchéng xiǎoyǒu-míngqi de
获得了肯定，她成了京城小有名气的

"piàoyǒu". Qùnián Chūn Jié qián, Lìshā cānjiāle "Lǎowài
"票友"。去年春节前，丽莎参加了"老外

Chàng Jīngjù" bǐsài, yǐ yì chū《Sū Sān Qǐ Jiě》zhāi dé
唱京剧”比赛，以一出《苏三起解》摘得
guìguān . Cóngcǐ, Lìshā chéngle míngxīng. Tā
桂冠 (laurels)。从此，丽莎成了明星。她
jīngcháng chūxiàn zài gè dà diànshìtái de wǎnhuì shàng, bìng
经常出现在各大电视台的晚会上，并
cānjiā gè zhǒng yǎnchū, yě yǒu xǔduō rén chéngle tā de
参加各种演出，也有许多人成了她的
fěnsī. Lìshā shuō, tā shì zhēnde xǐhuan jīngjù, yě xǐhuan
粉丝。丽莎说，她是真的喜欢京剧，也喜欢
biǎoyǎn jīngjù gěi biéren kàn. Zài biǎoyǎn jīngjù fāngmiàn,
表演京剧给别人看。在表演京剧方面，
zìjǐ zhǐshì gè rùménzhě, yào xué de háiyǒu hěn duō, xīwàng
自己只是个入门者，要学的还有很多，希望
yǒuzhāoyírì kěyǐ chéngwéi Méi Lánfāng nàyàng de
有朝一日 (someday) 可以成为梅兰芳那样的
jīngjù biǎoyǎn dàshī.
京剧表演大师。

Qǔyì Yìshù

曲艺艺术

Zhōurì de xiàwǔ, Jìngdé Cháguǎn li zhèngzài shàngyǎn yì
周日的下午，静德茶馆里正在上演一

chǎng xiǎoxíng de qǔyì yǎnchū, biǎoyǎn xiàngmù yǒu
场小型的曲艺演出，表演项目有

xiàngsheng, kuàibǎn, jīngyùndàgǔ děng Zhōngguó
相声①、快板②、京韵大鼓③等中国

chuántǒng qǔyì xíngshì. Cháguǎn li zuòzhe xǔduō de chákè,
传统曲艺形式。茶馆里坐着许多的茶客，

tāmen pǐnzhe chá, kànzhe jié mù, bùshí fāchū zhènzhèn
他们品着茶，看着节目，不时发出阵阵

xiàoshēng. Xiǎo Wáng shì yí gè yèyú xiàngsheng
笑声。小王是一个业余(amateur)相声

yǎnyuán, měi dào zhōumò, tā jiù huì hé tā de dādàng
演员，每到周末，他就会和他的搭档

① Crosstalk is a traditional Chinese comedic performance in the form of a dialogue between two performers, a solo monologue, or a multi-person dialogue. It is one of China's most popular performing arts.

② Clapper talk is a type of Chinese traditional folk art, in which a story is told in a rapid rhythmic tempo to the accompaniment of bamboo clappers.

③ Storytelling in Beijing dialect with drum accompaniment is one of the most important storytelling folk art forms and is widely spread in the north and northeast part of China.

dào zhège cháguǎn lái yǎnchū. 《Bào Càimíng》,
(partner) 到这个茶馆来演出。《报菜名》、

《Yè Xíng Jì》děng chuántǒng xiàngsheng shì tāmen jīngcháng
《夜行记》等传统相声是他们经常

yǎnchū de jiémù. Xiǎo Wáng shòu xǐ'ài qǔyì de fùqin de
演出的节目。小王受喜爱曲艺的父亲的

yǐngxiǎng, cóngxiǎo jiù duì Zhōngguó chuántǒng xiàngsheng
影响，从小就对中国传统相声

chǎnshēngle xìngqù. Rúguǒ ànzhào tā zìjǐ de xiǎngfǎ xuǎnzé
产生了兴趣。如果按照他自己的想法选择

shēnghuó, tā kěnéng zài hěn xiǎo de shíhou jiù jìnrù
生活，他可能在很小的时候就进入

xiàngsheng bānzi zuò yì míng xuétú le.
相声班子[1]做一名学徒(apprentice)了。

---

① performance troupe

Wúnài fùmǔ bù tóngyì tā zuò yì míng zhíyè xiàngsheng
无奈父母不同意他做一名职业相声

yǎnyuán, tā zhǐhǎo xuǎnzé wánchéng tā de xuéyè. Dàxué de
演员，他只好选择完成他的学业。大学的

shíhou, Xiǎo Wáng dú de shì jìsuànjī zhuānyè, kěshì tā
时候，小王读的是计算机专业，可是他

bǎ zìjǐ de quánbù jīnglì dōu fàngzài le xiàngsheng shang.
把自己的全部精力都放在了相声上。

Xiǎo Wáng chuàngbànle yí gè xiàngsheng shètuán, hé
小王创办了一个相声社团，和

zhìtóng-dàohé
志同道合 (cherish the same ideals and follow the same

de tóngxuémen gòngtóng xuéxí xiàngsheng biǎoyǎn yìshù,
path) 的同学们共同学习相声表演艺术，

bìng jīngcháng zài xuéxiào li yǎnchū yìxiē xiǎo jiémù. Tāmen
并经常在学校里演出一些小节目。他们

de xiàngsheng biǎoyǎn zài chuántǒng xiàngsheng de jīchǔ shang,
的相声表演在传统相声的基础上，

zēngjiāle xiàndài liúxíng yuánsù, dàbùfen qǔcái yú xiàoyuán
增加了现代流行元素，大部分取材于校园

shēnghuó, tóngxuémen dōu hěn xǐhuan. Hòulái, tā bài
生活，同学们都很喜欢。后来，他拜

xiàngsheng yǎnyuán Zhào Xiǎolín wéi shī, xuéxí xiàngsheng de
相声演员赵小林为师，学习相声的

"shuō xué dòu chàng" děng zhuānyè jìqiǎo. Bìyè hòu, Xiǎo
"说学逗唱"等专业技巧。毕业后，小

Wáng zài yí gè zázhìshè zuòle yì míng biānjí. Yèyú shíjiān
王在一个杂志社做了一名编辑。业余时间

tā jiù hé zìjǐ de dādàng dào cháguǎn hé xiǎojùchǎng biǎoyǎn
他就和自己的搭档到茶馆和小剧场表演
xiàngsheng . Tā shuō , biǎoyǎn xiàngsheng bú shì wèile
相声。他说，表演相声不是为了
zhuànqián , ér shì wèile guòguo yǐn
赚钱，而是为了过过瘾 (enjoy oneself to the
. Xiàngsheng shì tā shēnghuó zhōng zhòngyào de
fullest)。相声是他生活中重要的
zǔchéng bùfen , tā tōngguò biǎoyǎn xiàngsheng gěi biéren sòng qù
组成部分，他通过表演相声给别人送去
le kuàilè , yě gěi zìjǐ dàilái le kuàilè .
了快乐，也给自己带来了快乐。

Wú āyí shì yí wèi jīngyùndàgǔ biǎoyǎn yìshùjiā . Tā
吴阿姨是一位京韵大鼓表演艺术家。她
cóng bā suì jiù dēngtái yǎnchū , zhìjīn yǐ yǒu nián . Wú
从八岁就登台演出，至今已有50年。吴
āyí xiǎo de shíhou jiā li hěn kùnnan , quán jiā bā kǒu rén
阿姨小的时候家里很困难，全家八口人
zhǐ yǒu fùqin yí gè rén yǒu gōngzī . Wú āyí shì jiā li zuì
只有父亲一个人有工资。吴阿姨是家里最
xiǎo de nǚ'ér , fùmǔ wèile ràng tā nénggòu chī bǎo , bǎ
小的女儿，父母为了让她能够吃饱，把
tā sòngdào le xìbānzi , nà shíhou tā cái wǔ suì . Xìngyùn
她送到了戏班子，那时候她才五岁。幸运
de shì xìbānzi de lǎobǎn hé shīfumen dōu duì tā hěn hǎo ,
的是戏班子的老板和师傅们都对她很好，
jiù xiàng duìdài zìjǐ de háizi yíyàng . Tā yě qínfèn
就像对待自己的孩子一样。她也勤奋

dǒngshì， xiǎoxiǎo de niánjì jiù dǒngde kèkǔ liàngōng hé
懂事，小小的年纪就懂得刻苦练功和

xiàojìng shīfu de dàolǐ. Zài shīfu
孝敬 (show one's respect) 师傅的道理。在师傅

de rènzhēn jiàodǎo xià， niánshào de tā zhǎngwòle jīngyùndàgǔ
的认真教导下，年少的她掌握了京韵大鼓

de shuōchàng jìqiǎo， érqiě xuéhuìle tánzòu pípa
的说唱技巧，而且学会了弹奏琵琶 (the

. Dì-yī cì zhàn zài wǔtái shang biǎoyǎn jiémù de
pipa)。第一次站在舞台上表演节目的

shíhou， tā zhǐ bǐ dàgǔ gāo nàme yìdiǎndiǎn. Shíjiān jiǔ
时候，她只比大鼓高那么一点点。时间久

le， tā yě jiù zìrán de àishàngle zhège zhíyè.
了，她也就自然地爱上了这个职业。

Jīngyùndàgǔ shì guǎngfàn liúxíng yú
京韵大鼓是广泛流行于

Huáběi， Dōngběi bùfen dìqū de
华北、东北部分地区的

yì zhǒng běifāng qǔyì biǎoyǎn
一种北方曲艺表演

xíngshì. Jīngyùndàgǔ zài Biǎoyǎn
形式。京韵大鼓在表演

guòchéng zhōng， chàng zhōng yǒu
过程中，唱中有

shuō， shuō zhōng yǒu chàng， qí
说，说中有唱，其

yùnwèi hěn nán bǎwò. Jīngguò
韵味很难把握。经过

duōnián de xuéxí , Wú āyí cóng xìbānzi li de xiǎo xuétú
多年的学习，吴阿姨从戏班子里的小学徒
chéngzhǎng wéi dàjiā xǐhuan de mínjiān biǎoyǎn yìshùjiā . Wú
成长为大家喜欢的民间表演艺术家。吴
āyí bǎ tā de dàbànshēng dōu gěile jīngyùndàgǔ . Rán'ér ,
阿姨把她的大半生都给了京韵大鼓。然而，
rújīn què yǒu yí gè wèntí yìzhí kùnrǎozhe tā , nà jiù shì
如今却有一个问题一直困扰着她，那就是
xiànzài xīnshǎng jīngyùndàgǔ , xuéxí jīngyùndàgǔ , guānxīn
现在欣赏京韵大鼓、学习京韵大鼓、关心
jīngyùndàgǔ de rén yuèláiyuè shǎo le . Zuòwéi bǎoguì de
京韵大鼓的人越来越少了。作为宝贵的
mínjiān qǔyì xíngshì , jīngyùndàgǔ bù néng xiāoshī , ér yīnggāi
民间曲艺形式，京韵大鼓不能消失，而应该
jìxù chuánchéng xiàqu . Wèi cǐ , nián jìn liùxún de Wú
继续传承下去。为此，年近六旬的吴
āyí jiāng quánbù jīnglì dōu fàngdào jīngyùndàgǔ yìshù de
阿姨将全部精力都放到京韵大鼓艺术的
chuánchéng wèntí shang . Tā jījí zhǎo wénhuà guǎnlǐ bùmén
传承问题上。她积极找文化管理部门
xiétiáo , dàlì xuānchuán jīngyùndàgǔ wénhuà , hái bànle
协调，大力宣传京韵大鼓文化，还办了
xuéxiào qīnzì jiàoxué .
学校亲自教学。

Xiàngsheng hé jīngyùndàgǔ dōu shì Zhōngguó mínjiān qǔyì
相声和京韵大鼓都是中国民间曲艺
yìshù de zhòngyào dàibiǎo . Zhōngguó de qǔyì yìshù xíngshì
艺术的重要代表。中国的曲艺艺术形式

yǒu duō zhǒng. Qǔyì
有400多种。曲艺

shì Zhōnghuá mínzú gè zhǒng
是中华民族各种

"shuōchàng yìshù" de
“说唱艺术”的

tǒngchēng, tā shì yóu
统称，它是由

mínjiān kǒutou wénxué hé
民间口头文学和

shuōchàng yìshù jīngguò chángqī fāzhǎn xíngchéng de yì zhǒng
说唱艺术经过长期发展形成的一种

dútè de yìshù xíngshì. Gēnjù dìyù de bùtóng, qí yìshù
独特的艺术形式。根据地域的不同，其艺术

tèsè yě bùtóng. Píngshū①, Shāndōng kuàishū②, Fèngyáng
特色也不同。评书①、山东快书②、凤阳

huāgǔ③, èrrénzhuàn④ děng shì liúxíng bǐjiào guǎngfàn de qǔyì
花鼓③、二人转④等是流行比较广泛的曲艺

lèixíng. Qǔyì fāyuán zì mínjiān. Zài guòqù, dàduō zài
类型。曲艺发源自民间。在过去，大多在

---

① It is a folk art form in which the performer tells a story using a folding fan, a handkerchief and a gavel as props.

② The Shandong clapper ballad is a traditional folk art form in the north and northeast of China. The performers often sing and speak at a rapid tempo in the Shandong dialect while using bamboo or copper clappers.

③ Fengyang flower-drum, originating in Fengyang County, Anhui Province, is a type of folk performance art that combines singing and dancing, accompanied by drum playing.

④ It is a song-and-dance performance, usually with one male and one female performer, popular in Heilongjiang, Liaoning and Jilin provinces, as well as the east part of Inner Mongolia.

Běijīng de Tiānqiáo, Nánjīng de Fūzǐmiào, Shànghǎi de
北京的天桥、南京的夫子庙、上海的

Xújiāhuì, Tiānjīn de Quànyèchǎng děng mínjiān yúlè chǎngdì
徐家汇、天津的劝业场等民间娱乐场地

jìnxíng biǎoyǎn. Qǔyì yǎnyuán jùbèi hěn hǎo de shuō gōng,
进行表演。曲艺演员具备很好的说功、

chàng gōng, zuògōng hé mófǎnglì. Tāmen duì rénwù de
唱功、做功和摹仿力。他们对人物的

kèhuà xíngxiàng, shēngdòng, duì shìjiàn de xùshù wánzhěng,
刻画形象、生动，对事件的叙述完整、

jīngcǎi. Qǔyì jiémù de nèiróng duǎnxiǎo, biǎoyǎn fāngshì
精彩。曲艺节目的内容短小，表演方式

jiǎndān, nénggòu kuàisù fǎnyìng xiànshí shēnghuó, kěyǐ zài
简单，能够快速反映现实生活，可以在

wǔtái shang biáoyǎn, yě kěyǐ zài guǎngchǎng, cháguǎn
舞台上表演，也可以在广场、茶馆

biǎoyǎn, bú shòu wǔtái de xiànzhì, yīncǐ shòudào lǎobǎixìng
表演，不受舞台的限制，因此受到老百姓

de xǐ'ài. Qǔyì biànyú jíxìng fāhuī,
的喜爱。曲艺便于即兴(impromptu)发挥，

nénggòu bǎ liúxíng de, shènzhì shì gānggāng fāshēng de
能够把流行的，甚至是刚刚发生的

shìqing, biānjí chéng xiǎo duànzi biǎoyǎn. Zài gōngyuán,
事情，编辑成小段子表演。在公园、

cháguǎn, jùchǎng, péngyou jùhuì, gōngsī niánhuì, xīnnián
茶馆、剧场、朋友聚会、公司年会、新年

liánhuān děng gè zhǒng chǎnghé, dōu néng kàndào qǔyì biǎoyǎn.
联欢等各种场合，都能看到曲艺表演。

Qǔyì jiù shì zhèyàng yì zhǒng shàng de liǎo huálì wǔtái ,
曲艺就是这样一种上得了华丽舞台，
xià de liǎo shìjǐng xiǎoxiàng de mínjiān chuántǒng
下得了市井 (marketplace) 小巷的民间传统
yìshù .
艺术。

Jīnzi De Míngxīngmèng
金子的明星梦

Jīnzi cóngxiǎo jiù yǒu yí gè měilì de mèngxiǎng, tā
金子 从小 就 有 一个 美丽 的 梦想，她
xiǎng yào zuò yí gè diànyǐng míngxīng, xiàng Gǒng Lì, Zhāng
想 要 做 一个 电影 明星，像 巩 俐、章
Zǐyí, Zhào Wēi nàyàng de diànyǐng míngxīng.
子怡、赵 薇 那样 的 电影 明星。

nián, suì de Jīnzi kāishǐ zǒushàng zhuīqiú
2005 年，16 岁 的 金子 开始 走上 追求
mèngxiǎng de dàolù. Tā yí gè rén láidào Běijīng bàokǎo
梦想 的 道路。她 一个 人 来到 北京 报考

diànyǐng xuéyuàn . Rán'ér , tā shībài le . Zài jīliè de
电影 学院。然而，她 失败 了。在 激烈 的

jìngzhēng zhōng , tā lián chūshì dōu méiyǒu tōngguò . Jīnzi hěn
竞争 中，她 连 初试 都 没有 通过。金子 很

nánguò , tā méiyǒu xiǎngdào zìjǐ xuéxíle shí nián de wǔdǎo
难过，她 没有 想到 自己 学习了 十 年 的 舞蹈

hé shēngyuè zài zhèli gēnběn méiyǒu yōushì .
和 声乐 (vocal music) 在 这里 根本 没有 优势。

Tā bù xiǎngràng zìjǐ de mèngxiǎng jiù zhèyàng pòmiè . Tā
她 不 想让 自己 的 梦想 就 这样 破灭。她

cāgānle yǎnlèi , gěi fùmǔ dǎ diànhuà shuō : " Bà mā , wǒ
擦干了 眼泪，给 父母 打 电话 说："爸 妈，我

jīnnián méi kǎoshàng . Wǒ yào liú zài Běijīng xuéxí yì nián ,
今年 没 考上。我 要 留 在 北京 学习 一 年，

míngnián zài kǎo yí cì . " Fùmǔ jiānjué fǎnduì tā zìjǐ yí
明年 再 考 一 次。" 父母 坚决 反对 她 自己 一

gè rén liú zài Běijīng . Kěshì miànduì Jīnzi de jiānchí , fùmǔ
个 人 留 在 北京。可是 面对 金子 的 坚持，父母

tóngyì zài gěi Jīnzi yí cì jīhuì , rúguǒ míngnián zài kǎo bu
同意 再 给 金子 一 次 机会，如果 明年 再 考 不

shàng , jiù yídìng yào huíjiā fùdú , kǎo yì suǒ pǔtōng de
上，就 一定 要 回家 复读，考 一 所 普通 的

dàxué , dú yí gè pǔtōng de zhuānyè , guò yí gè pǔtōngrén de
大学，读 一 个 普通 的 专业，过 一 个 普通人 的

shēnghuó . Jīnzi zài Běijīng Diànyǐng Xuéyuàn fùjìn zūle yí
生活。金子 在 北京 电影 学院 附近 租了 一

gè bàn dìxiàshì xiǎo wūzi , zài fùjìn de jiànshēnfáng
个 半 地下室 小 屋子，在 附近 的 健身房

zhǎodàole yí fèn yújiā jiàoliàn de gōngzuò. Bù
找到了一份瑜伽(yoga)教练的工作。不

gōngzuò de shíhou, Jīnzi jiù qù diànyǐng xuéyuàn cèng
工作的时候，金子就去电影学院蹭(sit in)

kè, zhuānyèkè cèng bu liǎo, tā jiù tōutōu de kàn, kàn
课，专业课蹭不了，她就偷偷地看，看

zhèli de xuéshengmen liàngōng, páiliàn. Tā zuì xǐhuan zhèli
这里的学生们练功、排练。她最喜欢这里

jǔbàn de lùntán hé jiǎngzuò, cóng bù
举办的论坛(forum)和讲座(lecture)，从不

fàngqì rènhé yí cì cānyù de jīhuì. Zài xiàoyuán li, tā
放弃任何一次参与的机会。在校园里，她

de xīnqíng tèbié ānjìng, tā juéde zhèli jiù shì tā de
的心情特别安静，她觉得这里就是她的

guīsù. Jìmò, wěiqu, nánguò de shíhou,
归宿(destination)。寂寞、委屈、难过的时候，

zhǐyào zài zhège xiàoyuán li zǒu jǐ quān, jiù dōu hǎo le.
只要在这个校园里走几圈，就都好了。

Jīnzi shuō zhè jiù shì mèngxiǎng de lìliang.
金子说这就是梦想的力量。

nián, Jīnzi zàicì bàokǎole Běijīng Diànyǐng
2006年，金子再次报考了北京电影

Xuéyuàn. Kǎoshì qián sān gè yuè, Jīnzi yòng tā zuò yújiā
学院。考试前三个月，金子用她做瑜伽

jiàoliàn zhuàn lái de qián bàole gè kǎo qián fǔdǎobān,
教练赚来的钱报了个考前辅导班，

zhuānmén xuéxí xìjù biǎoyǎn. Gōngfu búfù yǒuxīnrén, zhè
专门学习戏剧表演。功夫不负有心人，这

yí cì, Jīnzi chénggōng le, tā shùnlì de tōngguò le
一次，金子 成功 了，她顺利地 通过了

zhuānyè kǎoshì. Tā shōushi xíngli, líkāi běijīng. Huídào
专业 考试。她 收拾行李，离开北京。回到

jiāxiānghòu, tā kāishǐ tóurù quánbù jīnglì zhǔnbèi wénhuàkè
家乡后，她 开始 投入 全部 精力 准备 文化课

de kǎoshì. Shèngxià shíjié, tōngzhīshū dàole Jīnzi de
的 考试。盛夏 时节，通知书 到了 金子 的

shǒuzhōng. Jīnzi gāoxìng de kū le, tā lí zìjǐ de
手中。金子 高兴 得 哭 了，她 离 自己 的

mèngxiǎng yòu jìnle yìxiē.
梦想 又 近了 一些。

Zài sì nián de dàxué shēnghuó zhōng, Jīnzi yìzhí kèkǔ
在四年的大学生活中，金子一直刻苦
xuéxí. Tā zǒngshì dì-yī gè láidào liàngōngfáng, zuìhòu yí
学习。她总是第一个来到练功房，最后一
gè líkāi. Zài měi yí cì páiliàn xiǎopǐn de guòchéng zhōng,
个离开。在每一次排练小品的过程中，
tā dōu huì fǎnfù chuǎimó rénwù, měi yí duàn
她都会反复揣摩 (think over) 人物，每一段
táicí dōu yào niàn shàng shàngbǎi biàn. Suīrán yǒu bùshǎo
台词都要念上上百遍。虽然有不少
nánháir zhuīqiú tā, suīrán tā yě yǒu zìjǐ xǐhuan de
男孩儿追求她，虽然她也有自己喜欢的
nánháir, kěshì tā bù gǎn tán liàn'ài, tā pà yīnwèi àiqíng
男孩儿，可是她不敢谈恋爱，她怕因为爱情

ér shīqù zhuīqiú mèngxiǎng de xìnniàn . Dàxué de shíhou ,
而失去追求 梦想 的信念。大学的时候，

Jīnzi jiēpāile jǐ zhī guǎnggào , yě yǎnchūle jǐ bù
金子 接拍了 几 支 广告，也 演出了 几 部

diànyǐng , diànshìjù , dàn dōu shì méiyǒu táicí de xiǎo juésè .
电影、电视剧，但都是没有台词的小角色。

nián , Jīnzi dàxué bìyè le , tā méiyǒu jìnrù
2010 年，金子 大学 毕业 了，她 没有 进入

rènhé yì jiā wényì tuán tǐ , yě méiyǒu yǔ rènhé yì jiā
任何 一 家 文艺 团体，也 没有 与 任何 一 家

jīngjì gōngsī qiānyuē , tā zìjǐ gěi
经纪 公司 签约 (sign with an agency)，她 自己 给

zìjǐ dāngle lǎobǎn . Jīnzi kāishǐle fēngkuáng pǎo jùzǔ
自己 当了 老板。金子 开始了 疯狂 跑 剧组

shì xì de shēnghuó , zuì duō de shíhou tā yì tiān
(crew) 试 戏 的 生活，最 多 的 时候 她 一 天

pǎoguo wǔ gè zǔ , shìle cóng gǔzhuāng dào xiàndài de bùtóng
跑过 五 个 组，试了 从 古装 到 现代 的 不同

juésè . Tā qù Běi-Yǐng-Chǎng ménqián děngdàiguo , qù
角色。她 去 北影厂 门前 等待过，去

Héngdiàn zuòguo qúnzhòng yǎnyuán , hái zài jùzǔ zuòguo
横店 ① 做过 群众 演员，还 在 剧组 做过

① *Hengdian* (abbreviated from Hengdian World Studios) is one of the four largest film bases of China and a theme park located in Hengdian, Zhejiang Province. The studio consists of 13 sets, including mock Guangzhou and Hong Kong streets, palaces of the Ming and Qing dynasties, palace of the first emperor of Qin Dynasty, scenes from a painting A Riverside Scene During the Qingming Festival, Dream Valley and two large scale indoor studios. Being one of the largest movic studios in the world, it is often called "Chinawood".

jùwù . Kànzhe nàxiē míngxīng
剧务 (coordinator of crew affairs)。看着那些明星
jiù zài zìjǐ miànqián, Jīnzi zǒngshì méiyǒu yǒngqì hé tāmen
就在自己面前，金子总是没有勇气和他们
dǎ zhāohu, yào qiānmíng. Tā xiǎng ràng zìjǐ zài yōuxiù
打招呼、要签名。她想让自己再优秀
yìdiǎnr, yǒu yì tiān kěyǐ ràng dǎoyǎn, míngxīng zhùyì dào
一点儿，有一天可以让导演、明星注意到
tā zhège xiǎo gūniang.
她这个小姑娘。

Wèile nénggòu zǎorì shíxiàn mèngxiǎng, Jīnzi rènzhēn
为了能够早日实现梦想，金子认真
de yǎnzhe měi yí gè juésè: yǒu yóuxíng zhōng de qīngnián
地演着每一个角色：有游行中的青年
xuésheng, guānfǔ dàyuàn lǐ de yāhuan ,
学生、官府大院里的丫鬟 (maidservant)、
bìngrén, jiàoshī …… Jiànjiàn de, yǒu yìxiē dǎoyǎn zhùyì
病人、教师……渐渐地，有一些导演注意
dào le zhège rènzhēn de nǚháir, tāmen kāishǐ gěi Jīnzi
到了这个认真的女孩儿，他们开始给金子
yìxiē xiǎo juésè. Jīnzi de chūsè biǎoyǎn yě huòdéle
一些小角色。金子的出色表演也获得了
dǎoyǎn de kěndìng. Zhōngyú zài nián chū, Jīnzi
导演的肯定。终于在2012年初，金子
jiēdàole dì-yī bù yóu tā dānrèn nǚ èr hào de diànshìjù.
接到了第一部由她担任女二号的电视剧。

Jīnzi shuō: "Zài Běijīng, xiàng wǒ zhèyàng kěwàng
金子说："在北京，像我这样渴望

chéngwéi míngxīng de rén tài duō le, duō de xiàng dàbáicài
成为明星的人太多了，多得像大白菜

yíyàng. Xiǎng yào huòdé chénggōng, jiù bìxū fùchū bǐ
一样。想要获得成功，就必须付出比

biéren gèng duō de xīnkǔ hé nǔlì. Pāixì xīnkǔ,
别人更多的辛苦和努力。拍戏辛苦、

shòushāng wǒ dōu bú pà, zuì pà de jiù shì dǎoyǎn bù mǎnyì
受伤我都不怕，最怕的就是导演不满意

zìjǐ de biǎoyǎn. Wáng Bǎoqiáng nénggòu cóng qúnzhòng
自己的表演。王宝强能够从群众

yǎnyuán zuòdào dà míngxīng, wǒ yě néng. Wǒ bǐ tā hǎokàn,
演员做到大明星，我也能。我比他好看，

yòu shì zhuānyè xuéxiào bìyè de, yídìng yě nénggòu
又是专业学校毕业的，一定也能够

chénggōng."
成功。”

Zài jùzǔ li de liǎng nián quèshí hěn xīnkǔ, chī bu hǎo
在剧组里的两年确实很辛苦，吃不好

shuì bu hǎo, shòushāng, liúlèi dōu shì chángshì, kěshì
睡不好、受伤、流泪都是常事，可是

Jīnzi cóngméi fàngqìguo. Zài zhège guòchéng zhōng, tā
金子从没放弃过。在这个过程中，她

zhǎngdà le, chéngshú le, duì mèngxiǎng yě gèngjiā jiānchí
长大了，成熟了，对梦想也更加坚持

le. Duìyú wèilái, Jīnzi chōngmǎnle xìnxīn, tā jiānxìn
了。对于未来，金子充满了信心，她坚信

zìjǐ yídìng kěyǐ chénggōng.
自己一定可以成功。

Zhōngguó Wénxué Shéncǎi-yìyì

中国文学神采奕奕

nián mò, zhèngdāng Zhōngguó zuòjiā Mòyán huòdé
2012年末，正当中国作家莫言获得
Nuòbèi'ěr Wénxuéjiǎng zhī shí, Xiǎo Yú chuàngzuò de dì-yī běn
诺贝尔文学奖之时，小于创作的第一本
shū zhèngshì chūbǎn le. Zài Xiǎo Yú kànlái, zhè
书正式出版 (to publish) 了。在小于看来，这
shì yí gè jí hǎo de yùzhào, yīnwèi Mòyán yìzhí shì tā de
是一个极好的预兆，因为莫言一直是他的
ǒuxiàng. Zhōngxué shíqī, Xiǎo Yú jiù kāishǐ yuèdú
偶像 (idol)。中学时期，小于就开始阅读

Mòyán de xiǎoshuō, tā bèi Mòyán zuòpǐn zhōng fēngfù de
莫言的小说，他被莫言作品中丰富的
xiǎngxiànglì, jīngcǎi de qíngjié hé shēnkè de nèihán suǒ xīyǐn.
想象力、精彩的情节和深刻的内涵所吸引。
Nà shíhou, tā jiù ànàn xià juéxīn yǐhòu yào chéngwéi xiàng
那时候，他就暗暗下决心以后要成为像
Mòyán yíyàng de zuòjiā. Jīngguò duōnián de nǔlì, Xiǎo Yú
莫言一样的作家。经过多年的努力，小于
shōuhuòle chénggōng, ér tā de ǒuxiàng Mòyán yě chéngwéile
收获了成功，而他的偶像莫言也成为了
shǒu wèi huòdé Nuòbèi'ěr Wénxuéjiǎng de Zhōngguó zuòjiā. Zài
首位获得诺贝尔文学奖的中国作家。在
wèi zìjǐ gāoxìng de tóngshí, tā gèng wèi ǒuxiàng gāoxìng,
为自己高兴的同时，他更为偶像高兴，
tóngshí yě wèi shìjiè wéntán duì Zhōngguó wénxué de guānzhù
同时也为世界文坛对中国文学的关注
hé kěndìng ér gāoxìng.
和肯定而高兴。

Xiǎo Yú chūshēng zài yí gè zhīshi fènzǐ jiātíng, fùqin shì
小于出生在一个知识分子家庭，父亲是
yí wèi dàxué jiàoshòu, mǔqin shì dàxué túshūguǎn de
一位大学教授，母亲是大学图书馆的
guǎnlǐyuán. Yóuyú yǒu zhèyàng de wénhuà fēnwéi hé biànlì
管理员。由于有这样的文化氛围和便利
tiáojiàn, Xiǎo Yú de wénxué qǐméng bǐjiào
条件，小于的文学启蒙(enlightenment)比较
zǎo. Zhōngguó shì yí gè yǒuzhe shēnhòu wénxué jīchǔ de
早。中国是一个有着深厚文学基础的

guójiā, jǐqiān nián lái wúshù wénrén liúxiàle hěnduō de
国家，几千年来无数文人留下了很多的
bǎoguì wénxué cáifù, lìrú tángshī, sòngcí, yuánqū,
宝贵文学财富，例如唐诗、宋词、元曲、
míngqīng xiǎoshuō děng, yě chūxiànle xǔxǔduōduō de yōuxiù
明清小说等，也出现了许许多多的优秀
zuòjiā, lìrú Lǐ Bái, Sū Shì, Cáo Xuěqín, Lǔ Xùn,
作家，例如李白、苏轼、曹雪芹、鲁迅、
Lǎoshě děng. Zài zhèli, jīhū měi gè háizi cóng xué
老舍等。在这里，几乎每个孩子从学
shuōhuà kāishǐ, jiù huì bèi "chú hé rì dāng wǔ" "chuáng
说话开始，就会背“锄禾日当午”“床
qián míngyuè guāng" …… Xiǎo Yú chúle hé qítā háizi
前明月光”……小于除了和其他孩子
yíyàng bèisòng gǔshīcí yǐwài, hái zhǔdòng yuèdúle xǔduō
一样背诵古诗词以外，还主动阅读了许多
míngzhù. Xiǎoshíhou, tā jīngcháng gēn mǔqin yìqǐ shàngbān,
名著。小时候，他经常跟母亲一起上班，
mǔqin gōngzuò, tā jiù zài túshūguǎn li kàn shū. Zài shàng
母亲工作，他就在图书馆里看书。在上
xiǎoxué zhīqián, tā jiù nénggòu bèisòng chū shàngqiān shǒu
小学之前，他就能够背诵出上千首
gǔshīcí, hái dúwán le《Shuǐhǔ Zhuàn》hé《Xīyóu Jì》děng
古诗词，还读完了《水浒传》和《西游记》等
zuòpǐn, yuèdúliàng yǐjīng chāoguò bǎiwàn zì. Xiǎo Yú shuō,
作品，阅读量已经超过百万字。小于说，
biéde háizi de tóngnián dàduō shì zài gōngyuán li, cāochǎng
别的孩子的童年大多是在公园里、操场

shang dùguò de, ér tā
上度过的，而他

de tóngnián shì zài
的童年是在

túshūguǎn dùguò de.
图书馆度过的。

Suīrán nà shíhou tā hái
虽然那时候他还

xiǎo, yǒu xǔduō shū
小，有许多书

wèibì néng dú dǒng, dànshì, xiànzài xiǎngxiang, nà shíhou
未必能读懂，但是，现在想想，那时候

duōme měihǎo, yángguāng wēnnuǎn, shūxiāng chúnhòu
多么美好，阳光温暖，书香醇厚(mellow,

Xiǎo Yú cóng xiǎoxué èr niánjí jiù kāishǐ zìjǐ xiězuò,
rich)。小于从小学二年级就开始自己写作，

suì de shíhou tā zài bàozhǐ shang fābiǎole dì-yī piān
9岁的时候他在报纸上发表了第一篇

zuòpǐn. Cóngcǐ, tā chéngwéile xiǎoyǒu-míngqi de xiǎo zuòjiā.
作品。从此，他成为了小有名气的小作家。

Hòulái, suízhe wǎngluò wénxué de fāzhǎn, Xiǎo Yú kāishǐ
后来，随着网络文学的发展，小于开始

zài wǎngluò shang fābiǎo zuòpǐn, jiànjiàn de, Xiǎo Yú de zuòpǐn
在网络上发表作品，渐渐地，小于的作品

zài wǎngluò shang "rè" le qǐlai, yǒu xǔduō rén kàn tā de
在网络上“热”了起来，有许多人看他的

zuòpǐn, yǒushíhou měi rì de diǎnjīliàng chāoguò bǎiwàn.
作品，有时候每日的点击量超过百万。

Wǎngluò de pǔjí hé fāzhǎn duìyú wénxué de fāzhǎn qǐdào le
网络的普及和发展对于文学的发展起到了

yídìng de jījí zuòyòng. Tōngguò zhège gōnggòng píngtái,
一定的积极作用。通过这个公共平台，

měigè rén dōu kěyǐ bǎ zìjǐ de zuòpǐn tígōng gěi dàjiā
每个人都可以把自己的作品提供给大家

yuèdú. Jīngguò yí duàn shíjiān de shìdú, diǎnjīlǜ
阅读。经过一段时间的试读，点击率(clickrate)

gāo de zuòpǐn hái kěyǐ yǔ wǎngzhàn qiānyuē, zuòzhě yě
高的作品还可以与网站签约，作者也

kěyǐ huòdé yídìng de bàochou . Jìn jǐ
可以获得一定的报酬(reward, payment)。近几

nián lái, Zhōngguó de wǎngluò wénxué fāzhǎn sùdù hěn kuài,
年来，中国的网络文学发展速度很快，

chūxiànle dàliàng yōuxiù de zuòzhě hé zuòpǐn. Zhèxiē wǎngluò
出现了 大量 优秀 的 作者 和 作品。这些 网络

xiěshǒu yǒude shì zhuānzhí zuòjiā, yǒude shì yèyú
写手 有的 是 专职 作家，有的 是 业余

chuàngzuòzhě. Zhōngguó de wǎngluò wénxué zài Zhōngguó
创作者。 中国 的 网络 文学 在 中国

wénxué lǐngyù zhōng yǐjīng yǒule zìjǐ de yì fāng tiāndì,
文学 领域 中 已经 有了 自己 的 一 方 天地，

yǒu yuèláiyuè duō de dúzhě jiēshòu bìng xǐ'ài zhèzhǒng xīn de
有 越来越 多 的 读者 接受 并 喜爱 这种 新 的

yuèdú fāngshì.
阅读 方式。

Rújīn, Zhōngguó de wénxué zhèngzài kuàisù fāzhǎn.
如今， 中国 的 文学 正在 快速 发展。

Huóyuè zài wéntán shang de zuòjiā rénshù búduàn shàngshēng,
活跃 在 文坛 上 的 作家 人数 不断 上升 ，

wénxué zuòpǐn de zhìliàng yě zài búduàn tígāo. Gèng zhòngyào
文学 作品 的 质量 也 在 不断 提高。更 重要

de shì, wénxué de chǎnyèhuà chéngdù dàdà tígāo le. Yǒu
的 是，文学 的 产业化 程度 大大 提高 了。有

xǔduō wénxué zuòpǐn bèi gǎibiān chéng diànyǐng, diànshìjù,
许多 文学 作品 被 改编 成 电影、电视剧、

wǎngluò yóuxì, háiyǒu xǔduō cóng wénxué zuòpǐn zhōng yǎnshēng
网络 游戏，还有 许多 从 文学 作品 中 衍生

chūlái de shāngpǐn chūxiàn zài shìchǎng shang. nián shì
出来 的 商品 出现 在 市场 上。2012 年 是

Zhōngguó wénxuéshǐ shang jùyǒu zhòngyào yìyì de yì nián.
中国 文学史 上 具有 重要 意义 的 一 年。

Zài zhè yì nián, dì-yī cì yǒu Zhōngguó zuòjiā huòdéle
在这一年，第一次有中国作家获得了

Nuòbèi'ěr Wénxuéjiǎng; zài zhè yì nián, shìjiè wéntán chóngxīn
诺贝尔文学奖；在这一年，世界文坛重新

zhùyì dào le Zhōngguó wénxué; zài zhè yì nián, Zhōngguó
注意到了中国文学；在这一年，中国

wénxué shéncǎi-yìyì
文学神采奕奕[1]。

---

① brim with vitality

Shèqū Yīnyuèjié
社区音乐节

Jìnrù qīyuè, Gǔlóu Shèqū yì nián yí dù de yīnyuèjié
进入七月，鼓楼社区一年一度的音乐节

yě jìnrùle chóubèi qī. Zài jiēdào bànshìchù
也进入了筹备 (preparation) 期。在街道办事处

hé shèqū nèi gè wùyè gōngsī de zǔzhī pèihé xià, quán
和社区内各物业公司的组织配合下，全

shèqū gòng yǒu wǔbǎi duō rén cānyù dào jīnnián de yīnyuèjié
社区共有五百多人参与到今年的音乐节

zhōng. Gǔlóu Shèqū shì yí gè bǐjiào chéngshú de shèqū,
中。鼓楼社区是一个比较成熟的社区，

tóngshí yě shì yí gè jùyǒu shēnhòu yìshù fēnwéi de shèqū .
同时 也 是 一 个 具有 深厚 艺术 氛围 的 社区。

Zhèli jīngcháng jǔbàn gè zhǒng wényì huódòng , lìrú lán
这里 经常 举办 各 种 文艺 活动，例如 篮

qiúsài , shūhuà zhǎnlǎn , qípái bǐsài děng . Qízhōng , zuì
球赛、书画 展览、棋牌 比赛 等。其中，最

rènao yě shì zuì shòu rénmen xǐ'ài de jiù shì yīnyuèjié .
热闹 也 是 最 受 人们 喜爱 的 就 是 音乐节。

Yīnyuèjié zài měi nián xiàtiān jǔbàn , lìshí yí gè yuè ,
音乐节 在 每 年 夏天 举办，历时 一 个 月，

bāohán chànggē bǐsài , xìqǔ biǎoyǎn , wǔdǎo bǐsài ,
包含 唱歌 比赛、戏曲 表演、舞蹈 比赛、

jiāoxiǎng yīnyuèhuì , xiāoxià wǎnhuì
交响 音乐会、消夏 (spend the summer) 晚会

děng . Gǔlóu Shèqū de yīnyuèjié zhìjīn yǐ yǒu shí nián de
等。鼓楼 社区 的 音乐节 至今 已 有 十 年 的

lìshǐ, yóu jūmínmen zài xiàrì bàngwǎn zìfā zǔzhī de
历史，由居民们在夏日傍晚自发组织的
piàoyǒu jùhuì, wǔdǎo jíhuì děng fāzhǎn ér lái. Měi nián dōu
票友聚会、舞蹈集会等发展而来。每年都
yǒu shàngbǎi míng shèqū jūmín cānyù qízhōng, cóng suì de
有上百名社区居民参与其中，从3岁的
háizi dào suì de lǎorén dōu shì yīnyuèjié de yǎnyuán.
孩子到80岁的老人都是音乐节的演员。

Dòudou jīnnián sān suì bàn, shì yīnyuèjié shang niánlíng zuì
豆豆今年三岁半，是音乐节上年龄最
xiǎo de yǎnyuán. Bié kàn tā niánlíng xiǎo, tā de běnlǐng kě
小的演员。别看他年龄小，他的本领可
bùxiǎo. Jīnnián shì tā dì-yī cì cānjiā yīnyuèjié de yǎnchū,
不小。今年是他第一次参加音乐节的演出，
māma wèi tā bàomíng cānjiāle értóng gēchàng bǐsài. Dòudou
妈妈为他报名参加了儿童歌唱比赛。豆豆
píngjiè yì shǒu《Shǔ Yāzi》huòdéle zuìjiā biǎoyǎnjiǎng, hái
凭借一首《数鸭子》获得了最佳表演奖，还
bèi yāoqǐng cānjiā měi gè zhōumò jǔbàn de xiāoxià wǎnhuì de
被邀请参加每个周末举办的消夏晚会的
yǎnchū.
演出。

Zhāng Yīyī shì jiēdào bànshìchù de yì míng gōngzuò
张依依是街道办事处的一名工作
rényuán, zhǔyào fùzé shèqū nèi de wénhuà gōngzuò. Sān
人员，主要负责社区内的文化工作。三
nián qián, tā bìyè yú shīfàn xuéxiào de shēngyuè zhuānyè,
年前，她毕业于师范学校的声乐专业，

tōngguò zhāopìn kǎoshì, chéngwéile yì míng jiēdào bànshìchù
通过招聘考试，成为了一名街道办事处

de wénhuà gànshì. Gāng lái de shíhou, Zhāng Yīyī fēicháng
的文化干事。刚来的时候，张依依非常

dānxīn zìjǐ de zhuānyè yòngbúshàng, pà zìjǐ xuéle zhème
担心自己的专业用不上，怕自己学了这么

duōnián de shēngyuè cóngcǐ huāngfèi le.
多年的声乐从此荒废 (be out of practice) 了。

Zài kàndào shèqū nèi fēngfù duōcǎi de wénhuà shēnghuó hòu,
在看到社区内丰富多彩的文化生活后，

tā fàngxīn le, kāishǐ jījí de gōngzuò. Tā chuàngbànle
她放心了，开始积极地工作。她创办了

shēngyuèbān, zǔzhīle héchàngduì, yǐnjìnle jiànshēncāo
声乐班，组织了合唱队，引进了健身操

… Jiànjiàn de, tā àishàng le tā de gōngzuò. Tā báitiān
……渐渐地，她爱上了她的工作。她白天

wèi tuìxiū de lǎoniánrén páiliàn dà héchàng, xiàbān hòu dào
为退休的老年人排练大合唱，下班后到

gōngyuán li zǔzhī jūmínmen tiào jiànshēncāo, hán-shǔjià tā hái
公园里组织居民们跳健身操，寒暑假她还

huì jiāo háizimen chànggē tiàowǔ. Jūmínmen dōu fēicháng xǐ'ài
会教孩子们唱歌跳舞。居民们都非常喜爱

zhège niánqīngrén. Jīnnián, Zhāng Yīyī bèi rènmìng wéi
这个年轻人。今年，张依依被任命为

yīnyuèjié de zǒngcèhuà, duìyú niánqīng de tā láishuō, zhè
音乐节的总策划，对于年轻的她来说，这

shì yí gè tiǎozhàn. Tā yǐ guónèi-wài gè dà yīnyuèjié wéi
是一个挑战。她以国内外各大音乐节为

lánběn, shèjì chū le jùyǒu Gǔlóu Shèqū tèsè de yīnyuèjié
蓝本，设计出了具有鼓楼社区特色的音乐节

huódòng. Yóuyú Gǔlóu Shèqū lǎorén jiào duō, tā shèjìle
活动。由于鼓楼社区老人较多，她设计了

xǔduō shìhé lǎoniánrén de xiàngmù, rú jīngjù biǎoyǎn,
许多适合老年人的项目，如京剧表演、

mínyue yǎnzòu, gémìng gēqǔ dàjiā chàng děng, hái tèbié
民乐演奏、革命歌曲大家唱等，还特别

zēngjiāle yìxiē yì jiā rén tóngtái yǎnchū hé bǐsài de
增加了一些一家人同台演出和比赛的

xiàngmù, xīwàng jiè zhège jīhuì néng ràng háizi gèng duō de
项目，希望借这个机会能让孩子更多地

guānxīn lǎorén. Zài tā de nǔlì xià, Gǔlóu Shèqū de
关心老人。在她的努力下，鼓楼社区的

Yīnyuèjié rónghé guónèi-wài duō zhǒng yuánsù, jíhé gǔjīn
音乐节融合国内外多种元素，集合古今
zhōngwài de yīnyuè xíngshì, dǎzào chū le yí gè jì shòu
中外的音乐形式，打造出了一个既受
jūmínmen xǐhuan yòu jùyǒu yìshù tèsè de yīnyuèjié.
居民们喜欢又具有艺术特色的音乐节。

Zhèng dàye jīnnián suì le, shì Gǔlóu Shèqū de lǎo
郑大爷今年66岁了，是鼓楼社区的老
jūmín le. Tuìxiū hòu, tā guòshàngle zìjǐ yìzhí mèngxiǎng
居民了。退休后，他过上了自己一直梦想
zhe de "yìshù shēnghuó". Zhèng dàye niánqīng de shíhou jiù
着的“艺术生活”。郑大爷年轻的时候就
fēicháng xǐhuan yīnyuè, tèbié shì xīyáng yīnyuè, rú
非常喜欢音乐，特别是西洋音乐，如
Mòzhātè, Bèiduōfēn, Cháikěfūsījī děng, tā de mèngxiǎng
莫扎特、贝多芬、柴可夫斯基等，他的梦想
jiù shì chéngwéi yì míng yīnyuèjiā. Tuìxiū hòu, Zhèng dàye
就是成为一名音乐家。退休后，郑大爷
zuò de dì-yī jiàn shì jiù shì mǎile yí jià gāngqín, bìng zài
做的第一件事就是买了一架钢琴，并在
lǎonián dàxué bàole gāngqín kèchéng. Néng yōngyǒu zìjǐ de
老年大学报了钢琴课程。能拥有自己的
gāngqín, néng zài zìjǐ de gāngqín shang tánzòu yuèqǔ,
钢琴，能在自己的钢琴上弹奏乐曲，
duìyú Zhèng dàye láishuō shì zuì xìngfú de shì. Tā měi tiān
对于郑大爷来说是最幸福的事。他每天
dào lǎonián dàxué shàngkè, měi tiān liàn qín de shíjiān dōu
到老年大学上课，每天练琴的时间都

chāoguò gè xiǎoshí. Jīngguò kèkǔ de xuéxí hé liànxí,
超过 5 个 小时。经过 刻苦 的 学习 和 练习，
Zhèng dàye de gāngqín shuǐpíng yǒule hěn dà de tígāo. Zài
郑 大爷 的 钢琴 水平 有了 很 大 的 提高。在
xuéxí gāngqín liǎng nián zhīhòu, Zhèng dàye chǎnshēngle yí gè
学习 钢琴 两 年 之后，郑 大爷 产生了 一个
xiǎngfǎ —— zài shèqū nèi zǔjiàn yí gè jiāoxiǎng yuètuán. Tā
想法 —— 在 社区 内 组建 一个 交响 乐团。他
bǎ zìjǐ de xiǎngfǎ gàosule shèqū zhōng yìqǐ liàn qín de
把 自己 的 想法 告诉了 社区 中 一起 练 琴 的
péngyou, dédàole dàjiā de rènkě. Zài dàjiā de jījí
朋友，得到了 大家 的 认可。在 大家 的 积极
nǔlì xià, jiāoxiǎng yuèduì zǔjiànle qǐlai, hái pìnqǐngle
努力 下，交响 乐队 组建了 起来，还 聘请了
lǎonián dàxué de yīnyuè lǎoshī zuò zhǐhuī. Zuìchū de yuèduì
老年 大学 的 音乐 老师 作 指挥。最初 的 乐队
quánbù yóu suì yǐshàng de lǎorén zǔchéng, jiànjiàn de yǒu
全部 由 60 岁 以上 的 老人 组成，渐渐 地 有
yìxiē háizi hé niánqīngrén jiārù. Rújīn, Gǔlóu Shèqū de
一些 孩子 和 年轻人 加入。如今，鼓楼 社区 的
jiāoxiǎng yuètuán yǐ yǒu duō rén, yǒu suì de háizi,
交响 乐团 已 有 50 多 人，有 10 岁 的 孩子，
yě yǒu suì de lǎorén. Zhège yuètuán yě shì quán shì
也 有 70 岁 的 老人。这个 乐团 也 是 全 市
wéiyī de yì zhī shèqū jiāoxiǎng yuètuán, jīngcháng cānjiā shì
唯一 的 一 支 社区 交响 乐团，经常 参加 市
li de huódòng. Zài yīnyuèjié zhōng, jiāoxiǎng yuètuán zài měi
里 的 活动。在 音乐节 中，交响 乐团 在 每

zhōumò de wǎnshang dōu shàngyǎn dàxíng jiāoxiǎngyīnyuèhuì .
周末的 晚上 都 上演 大型 交响音乐会。

Gǔlóu Shèqū de yīnyuèjié shì jūmínmen zìjǐ de yìshù
鼓楼 社区 的 音乐节 是 居民们 自己 的 艺术

dàhuì . Zhǔyào huódòng dōu ānpái zài bàngwǎn , dìdiǎn zài
大会。主要 活动 都 安排 在 傍晚，地点 在

gōngyuán huò shèqū huódòng zhōngxīn . Rénmen zài mánglùle
公园 或 社区 活动 中心。人们 在 忙碌了

yì tiān hòu , kěyǐ xīnshǎng jīngcǎi de yǎnchū , yě kěyǐ
一 天 后，可以 欣赏 精彩 的 演出，也 可以

cānyù yǎnchū . Zài yīnyuèjié jǔbàn de shí nián zhōng ,
参与 演出。在 音乐节 举办 的 十 年 中，

yuèláiyuè duō de jūmín àishàngle yīnyuè . Yīnyuè fēngfùle
越来越 多 的 居民 爱上了 音乐。音乐 丰富了

rénmen de shēnghuó, yě lājìn le rén yǔ rén zhījiān de
人们的生活，也拉近了人与人之间的
jùlí. Yóuyú gè zhǒng wéntǐ huódòng de kāizhǎn, shèqū
距离。由于各种文体活动的开展，社区
zhōng de rénmen gèngjiā tuánjié, shēnghuó yě gèngjiā xìngfú.
中的人们更加团结，生活也更加幸福。

Yìshù jiù zài shēnghuó de měi yí gè xìjié zhōng,
艺术就在生活的每一个细节中，
huòzhě shuō, shēnghuó běnshēn jiù shì yì zhǒng yìshù.
或者说，生活本身就是一种艺术。
Yìshù bùzhǐ shǔyú yìshùjiā, tā gèng shǔyú shēnghuó zhōng
艺术不只属于艺术家，它更属于生活中
de měi yí gè rén. Ràng rén gāoxìng de shì, yǒu yuèláiyuè
的每一个人。让人高兴的是，有越来越
duō de Zhōngguórén yìshi dào zhè yì diǎn, zhèngzài fēngfù
多的中国人意识到这一点，正在丰富
zìjǐ de yìshù shēnghuó, tígāo zìjǐ de yìshù xiūyǎng.
自己的艺术生活，提高自己的艺术修养。

Rénrén Dōu Néng Pāi Diànyǐng
人人都能拍电影

Suízhe wēibó, wēixìn děng shèjiāo méitǐ de
随着微博、微信(WeChat)等社交媒体的

liúxíng, Zhōngguó jìnrùle hùliánwǎng "wēi" shídài. Zài
流行，中国进入了互联网“微”时代。在

"wēi" lìliang de yǐngxiǎng xià, wēi diànyǐng dànshēng le.
“微”力量的影响下，微电影诞生了。

Wēi diànyǐng, jí wēixíng diànyǐng, yìbān shícháng
微电影，即微型电影，一般时长(length)

dōu zài fēnzhōng yǐnèi, tōngguò jiǎng gùshi biǎodá qínggǎn
都在10分钟以内，通过讲故事表达情感

hé zhǔtí . Suīrán zhǐyǒu duǎnduǎn de fēnzhōng shíjiān ,
和主题。虽然只有短短的10分钟时间，
dànshì què jùbèi nèiróng bǎomǎn , qíngjié wánzhěng , yùyì
但是却具备内容饱满、情节完整、寓意
shēnkè děng tèdiǎn . Wēi diànyǐng de tícái yě
(implication)深刻等特点。微电影的题材也
hěn guǎngfàn , yǒu shēnghuó lèi , qínggǎn lèi , dònghuà lèi ,
很广泛，有生活类、情感类、动画类、
xuányí lèi , gōngyì lèi děng . Wēi diànyǐng duǎnxiǎo , jiǎndān ,
悬疑类、公益类等。微电影短小、简单，
duì pāishè shèbèi hé jìshù de yāoqiú bù gāo , zhìzuò chéngběn
对拍摄设备和技术的要求不高，制作成本
bù gāo , yīncǐ xǔduō diànyǐng àihàozhě kāishǐ pāishè wēi
不高，因此许多电影爱好者开始拍摄微
diànyǐng .
电影。

Ā Míng shì yí gè diànyǐng àihàozhě . Zài guānkànle
阿明是一个电影爱好者。在观看了
dàliàng guónèi-wài yǐngpiàn hòu , tā búzài mǎnzú zhǐ shì dānchún
大量国内外影片后，他不再满足只是单纯
de xīnshǎng diànyǐng , fābiǎo yǐngpíng , tā xiǎng yào pāishè
地欣赏电影、发表影评，他想要拍摄
shǔyú zìjǐ de diànyǐng . Duìyú chūcì chángshì pāishè zhìzuò
属于自己的电影。对于初次尝试拍摄制作
diànyǐng de Ā Míng láishuō , wēi diànyǐng shì zuì hǎo de
电影的阿明来说，微电影是最好的
xuǎnzé . Tā juédìng jiù yòng zìjǐ de shǒujī
选择。他决定就用自己的iPhone4S手机

zuòwéi pāishè shèbèi, pāishè yí gè zhǐ yǒu liǎng gè zhǔyào
作为 拍摄 设备，拍摄 一 个 只 有 两 个 主要
yǎnyuán de wēi diànyǐng. Jīngguò sān gè yuè de chóubèi,
演员 的 微 电影。经过 三 个 月 的 筹备，
Āmíng wánchéngle jùběn chuàngzuò, yāoqǐng dào le yǎnyuán,
阿明 完成了 剧本 创作，邀请 到 了 演员，
xuǎnhǎole pāishè chǎngdì, hái xuéhuì le jiǎndān de hòuqī
选好了 拍摄 场地，还 学会 了 简单 的 后期
zhìzuò jìshù. Zài yí gè yángguāng cànlàn de zǎochen, Ā
制作 技术。在 一个 阳光 灿烂 的 早晨，阿
Míng de wēi diànyǐng《Chuāng》kāipāi le. Tā jiǎngle yí gè
明 的 微 电影《窗》开拍 了。它 讲了 一个
niánmài de lǎo mǔqin sīniàn zài guówài shàngxué
年迈 的 老 母亲 思念 在 国外 上学 (pursue one's
de érzi de gùshi. Zhǐ yòngle duǎnduǎn de liǎng
studies) 的 儿子 的 故事。只 用了 短短 的 两
tiān shíjiān, pāishè jiù jiéshù le. Zài wánchéng hòuqī zhìzuò
天 时间，拍摄 就 结束 了。在 完成 后期 制作
hé wǎngzhàn shěnchá hòu, Ā Míng de chǔnǚzuò chūxiàn zài le
和 网站 审查 后，阿明 的 处女作 出现 在 了
hùliánwǎng shang. Zài pāishè zhìzuò guòchéng zhōng, Ā Míng
互联网 上。在 拍摄 制作 过程 中，阿明
yí gè rén chéngdānle biānjù, dǎoyǎn, yǎnyuán hé biānjí de
一 个 人 承担了 编剧、导演、演员 和 编辑 的
gōngzuò. Quánbù zhìzuò chéngběn yě zhǐyǒu duō yuán.
工作。全部 制作 成本 也 只有 1000 多 元。
Zài tǐyàn dào le wēi diànyǐng chuàngzuò de fāngbiàn hòu, Ā
在 体验 到 了 微 电影 创作 的 方便 后，阿

Míng zhìdìngle tā de wēi diànyǐng pāishè jìhuà —— měi nián
明 制定了 他 的 微 电影 拍摄 计划 —— 每 年

zhìzuò liǎng bù wēi diànyǐng, xīwàng yǒuzhāoyírì nénggòu zài
制作 两 部 微 电影，希望 有朝一日 能够 在

Zhōngguó wēi diànyǐng dàsài shang huòjiǎng.
中国 微 电影 大赛 上 获奖。

Dà sì de zuìhòu yí gè xuéqī, Hēilóngjiāng Dàxué Xīnwén
大 四 的 最后 一 个 学期，黑龙江 大学 新闻

Chuánbō Xuéyuàn de xuéshengmen zǔjiànle yí gè xiǎoxíng
传播 学院 的 学生们 组建了 一 个 小型

jùzǔ, chóupāi tāmen de bìyè jìlùpiàn. Tāmen wèi zìjǐ
剧组，筹拍 他们 的 毕业 纪录片。他们 为 自己

de jìlùpiàn qǔmíng wéi《Qīngchūn Jìyì》, méiyǒu chuàngzuò
的 纪录片 取名 为《青春 记忆》，没有 创作

jùběn, zhǐ shì tōngguò jìngtóu zhēnshí jìlù
剧本，只是通过镜头 (shot, scene) 真实记录
dàxué li de zuìhòu shíguāng. Tāmen yòng jìlùle
大学里的最后时光。他们用 DV 记录了
zuìhòu yì jié kè, zuìhòu yì chǎng lánqiúsài, yě jìlùle
最后一节课、最后一场篮球赛，也记录了
tóngxuémen de kǔdú hé zhǎo gōngzuò de jiānxīn, dāngrán hái
同学们的苦读和找工作的艰辛，当然还
jìlùle xiāngjù shí de huānxiào hé sòngbié shí de lèishuǐ. Zài
记录了相聚时的欢笑和送别时的泪水。在
wánchéng suǒyǒu de pāishè piànduàn hòu, jùzǔ zhōng de
完成所有的拍摄片段后，剧组中的
hòuqī biānjí duì pāishè sùcái jìnxíngle zhěnglǐ jiǎnjí
后期编辑 (editor) 对拍摄素材进行了整理剪辑
děng jìshù chǔlǐ, zuìzhōng zhìzuò chéng yí bù
(editing) 等技术处理，最终制作成一部

shícháng fēnzhōng de jìlùpiàn . Zhè bù jìlùpiàn quánbù
时长 40 分钟 的 纪录片。这 部 纪录片 全部

yóu xuésheng dúlì wánchéng , tāmen jiāng zìjǐ sì nián lái
由 学生 独立 完成 ，他们 将 自己 四 年 来

xuédào de zhīshi hé shōuhuò de rénshēng gǎnwù quánbù
学到 的 知识 和 收获 的 人生 感悟 全部

yòngdàole yǐngpiàn zhōng . Zhèbù jìlùpiàn shì xiàngěi tāmen de
用到了 影片 中 。这部 纪录片 是 献给 他们 的

dàxué shēnghuó hé qīngchūn shídài zuì hǎo de lǐwù .
大学 生活 和 青春 时代 最 好 的 礼物。

Rújīn , yǒu yuèláiyuè duō de rén kāishǐ chángshì pāishè
如今，有 越来越 多 的 人 开始 尝试 拍摄

wēi diànyǐng huòzhě diànyǐng . Tāmen lìyòng shǒujī , xiàngjī ,
微 电影 或者 电影 。他们 利用 手机、相机、

děng yǐngshì shèbèi jìnxíng pāishè , yòng biānjí ruǎnjiàn
DV 等 影视 设备 进行 拍摄，用 编辑 软件

jìnxíng hòuqī zhìzuò , tōngguò hùliánwǎng zhège dà píngtái
进行 后期 制作，通过 互联网 这个 大 平台

jìnxíng fābù . Suīrán zài pāishè shǒufǎ hé jìshù shǒuduàn
进行 发布。虽然 在 拍摄 手法 和 技术 手段

shang dōu bù néng hé yuànxiàn shàngyìng de yǐngpiān xiāngbǐ ,
上 都 不 能 和 院线 上映 的 影片 相比，

dànshì zài wǎngluò shang què yǒuzhe zìjǐ de shìchǎng . Tèbié
但是 在 网络 上 却 有着 自己 的 市场 。特别

shì wēi diànyǐng , tā yīn jùyǒu shícháng duǎn , bōfàng shèbèi
是 微 电影 ，它 因 具有 时长 短、播放 设备

pǔjí děng tèdiǎn , ér chéngwéi rénmen duǎnzàn
普及 (popular) 等 特点，而 成为 人们 短暂

fàngsōng de zuì hǎo xuǎnzé. Zài dìtiě shang,
放松 (to relax) 的 最 好 选择。在 地铁 上、
fàndiàn li, páiduì shí, jīngcháng néng kàndào ná zhe
饭店 里、排队 时， 经常 能 看到 拿 着 3G
shǒujī guānkàn wēi diànyǐng de rénmen.
手机 观看 微 电影 的 人们。

Duìyú lǎobǎixìng éryán, diànyǐng zhèngzài yóu guānkàn
对于 老百姓 而言， 电影 正在 由 观看
yìshù xiàng shíjiàn yìshù zhuǎnbiàn, pāishè
艺术 向 实践 (to practise) 艺术 转变 ，拍摄
zhìzuò yí bù diànyǐng yǐjīng bú shì gè mèng.
制作 一 部 电影 已经 不是 个 梦 。

Cóng Cǎogēn Dào Míngxīng
从草根[1]到明星

nián， Zhōngguó liúxíng cíyǔ zhōng yídìng
2012年，中国流行词语中一定

shǎobuliǎo "Zhōngguó Hǎo Shēngyīn"， zhège yóu Zhèjiāng
少不了"中国好声音"，这个由浙江

Wèishì dǎzào de dàxíng yīnyuè lèi xuǎn xiù
卫视打造的大型音乐类选秀(talent show)

jiémù， zàicì yǐnqǐle Zhōngguó zào xīng yùndòng de
节目，再次引起了中国造星运动的

gāocháo. Cóng kāibō dào jiéshù de liǎng
高潮(peak, climax)。从开播到结束的两

gè bàn yuè shíjiān li， xiānhòu yǒu bǎi yú míng yīnyuè
个半月时间里，先后有百余名音乐

àihàozhě cānyù qízhōng. Zài jīnglìle chǎng jīliè
爱好者参与其中。在经历了14场激烈

bǐsài hòu， suì de zàixiào xuésheng Liáng Bó duódé
比赛后，21岁的在校学生梁博夺得

guìguān. Wú Mòchóu， Jíkè Juànyì， Jīn Zhìwén， Píng'Ān
桂冠。吴莫愁、吉克隽逸、金志文、平安

děng xuǎnshǒu yě chéngle míngxīng.
等选手也成了明星。

---

① grass roots

Zì nián Húnán Wèishì jǔbàn de《Chāojí Nǚshēng》
自2005年湖南卫视举办的《超级女声》

xuǎn xiù jiémù chénggōng tuīchūle Lǐ Yǔchūn, Zhōu Bǐchàng,
选秀节目成功推出了李宇春、周笔畅、

Zhāng Liàngyǐng děng píngmín míngxīng yǐlái, Zhōngguó de
张靓颖等平民明星以来，中国的

xuǎnxiùrè zhújiàn shēngwēn. Zhōngyāng jí gèshěng, qū, shì
选秀热逐渐升温。中央及各省、区、市

diànshìtái jiēlián tuīchū xuǎnxiù jiémù, bǐjiào jùyǒu yǐngxiǎng
电视台接连推出选秀节目，比较具有影响

de yǒu Zhōngyāng Diànshìtái de《Xīngguāng Dàdào》, Dōngfāng
的有中央电视台的《星光大道》、东方

Wèishì de《Zhōngguó Dárén Xiù》, Húnán Wèishì de《Kuàilè
卫视的《中国达人秀》、湖南卫视的《快乐

Nánshēng》, Shāndōng Wèishì de《Tiānlài zhī Yīn》, Liáoníng
男声》、山东卫视的《天籁之音》、辽宁

Wèishì de《Jīqíng Chàngxiǎng》děng. Dǎzào chū le Ā Bǎo,
卫视的《激情 唱响 》等。打造出了阿宝、

Fènghuáng Chuánqí, Chén Chǔshēng, Shàng Wénjié, Xǔ Yìnà
凤凰 传奇、陈 楚生 、尚 雯婕、许艺娜

děngděng xǔduō "cǎogēn" míngxīng.
等等许多“草根” 明星 。

Wú MòChóu, yí gè hòu de yīnyuè xuéyuàn nǚshēng.
吴莫愁，一个90后的音乐 学院 女生。

Rúguǒ méiyǒu cānjiā《Zhōngguó Hǎo Shēngyīn》xuǎnxiù, tā
如果没有参加《 中国 好 声音 》选秀，她

kěnéng réngrán hé tā de tóngxuémen yíyàng, měi tiān guòzhe
可能仍然和她的 同学们 一样，每天过着

shàng kè, liàn qín, chīfàn, shuìjiào, shàngwǎng, liáotiān,
上 课、练琴、吃饭、睡觉、 上网 、聊天、

kàn diànyǐng de xiǎo shēnghuó. Kěshì, zhè chǎng xuǎnxiù
看电影的小 生活 。可是，这 场 选秀

gǎibiànle tā de shēnghuó. Tā de yǎnchū duō le, zōngyì
改变了她的 生活 。她的演出多了，综艺

fǎngtán jiémù yāoqǐng duō le, guǎnggào héyuē yě duō le,
访谈 节目 邀请 多了，广告 合约也多了，

tā kāishǐ xiàng míngxīng yíyàng zài Zhōngguó gèdì fēilái fēi
她开始 像 明星 一样在 中国 各地飞来飞

qù. Zhè chǎng xuǎnxiù ràng xǔduō Zhōngguórén jìzhùle zhège
去。这 场 选秀 让许多 中国人 记住了这个

dútè de nǚháir. Yí yè jiān tā yōngyǒule zìjǐ de fěnsī
独特的女孩儿。一夜间她拥有了自己的粉丝

tuán, chéngwéile dàjiā xīnli de míngxīng.
（fans）团，成为了大家心里的 明星 。

"Mài cài dàmā" Zhāng Xuémǐn, Héběi Shěng Tángshān Shì
"卖菜大妈"张学敏，河北省唐山市

de yí gè nóngcūn dàmā. nián yuè zài péngyou hé
的一个农村大妈。2011年10月在朋友和

jiārén de gǔlì xià, tā bàomíng cānjiāle Zhōngyāng
家人的鼓励下，她报名参加了中央

Diànshìtái de《Xīngguāng Dàdào》jiémù, zài bǐsài zhōng tā
电视台的《星光大道》节目，在比赛中她

yòng liáoliàng de sǎngyīn, zhìpǔ
用嘹亮(loud and clear)的嗓音、质朴(unaffected)

de biǎoyǎn yíngdéle píngwěi lǎoshī hé guānzhòng de kěndìng,
的表演赢得了评委老师和观众的肯定，

huòdéle zhōu guānjūn, suīrán hòulái méiyǒu tōngguò yuè sài,
获得了周冠军，虽然后来没有通过月赛，

dànshì tā jīngcǎi de yǎnchū réngrán gěi guǎngdà guānzhòng
但是她精彩的演出仍然给广大观众

liúxiàle shēnkè de
留下了深刻的

yìnxiàng.
印象。

Shàng Wénjié, yí gè
尚雯婕，一个

Fùdàn Dàxué Fǎyǔ zhuānyè
复旦大学法语专业

nián bìyè de
2005年毕业的

xuésheng. Zài nián
学生。在2006年

huòdé《Chāojí Nǚshēng》guànjūn hòu, tā chéngshòuzhe zhòng
获得《超级 女声》冠军 后，她 承受着 众

duō de fēiyì zài yúlèquān xīnkǔ
多 的 非议 (reproach, disapproval) 在 娱乐圈 辛苦

fèndòu. nián, dāng tā yǐ diànzǐ yīnyuè zhìzuòrén de
奋斗。2013 年，当 她 以 电子 音乐 制作人 的

shēnfèn chūxiàn zài Húnán Wèishì《Wǒ Shì Gēshǒu》jiémù zhōng
身份 出现 在 湖南 卫视《我 是 歌手》节目 中

shí, rénmen bùjīn duì tā guāmù-xiāngkàn. Zhège dāngnián
时，人们 不禁 对 她 刮目相看。这个 当年

píngfán de nǚshēng yǐjīng tuìbiàn wéi yí gè
平凡 的 女生 已经 蜕变 (to trans form) 为 一 个

yǒuzhe dútè mèilì de nǚshén. Tā de zhuāngbàn, biǎoyǎn
有着 独特 魅力 的 女神。她 的 妆扮、表演

fēnggé dōu láoláo dǎshàngle "Shàng Wénjié" de biāoqiān
风格 都 牢牢 打上了“尚 雯婕”的 标签

. Tā chénggōng de wánchéngle cóng "xuǎnxiù guànjūn"
(label)。她 成功 地 完成了 从“选秀 冠军”

dào "guójì míngxīng" de zhuǎnbiàn.
到“国际 明星”的 转变。

Bǎngyàng de lìliang shì wúqióng de. Dāng Lǐ
榜样 (model) 的 力量 是 无穷 的。当 李

Yǔchūn, Zhōu Bǐchàng, Yú Hàomíng děng cóng xuǎn xiù zhōng
宇春、周 笔畅、俞 灏明 等 从 选秀 中

zǒuchū de míngxīng pínfán de chūxiàn zài gè dà wǎnhuì,
走出 的 明星 频繁 地 出现 在 各 大 晚会、

zōngyì jiémù, yúlè bàodào shènzhì diànyǐng, diànshìjù zhōng
综艺 节目、娱乐 报道 甚至 电影、电视剧 中

de shíhou, yǒu yuèláiyuè duō de rén kěwàng fùzhì tāmen de
的时候，有越来越多的人渴望复制他们的
chénggōng. Yúshì, yuèláiyuè duō de pǔtōng lǎobǎixìng zhàn
成功。于是，越来越多的普通老百姓站
shàng xuǎnxiù wǔtái. Jǐnguǎn huòdé chénggōng de zhǐ shì
上选秀舞台。尽管获得成功的只是
shǎoshù, kěshì rénmen yīrán rèqíng bùjiǎn. Yǒu yí wèi
少数，可是人们依然热情不减。有一位
nóngmín dàshū shuō, jiù wèi néng shàng yí cì diànshì yě
农民大叔说，就为能上一次电视也
zhídé le.
值得了。

Jìn jǐ nián lái, Zhōngguó de "cǎogēn" míngxīng shùliàng
近几年来，中国的"草根"明星数量
dàfú shàngshēng. Zài nián Yāng-Shì Shénián Chūnwǎn
大幅上升。在2013年央视蛇年春晚
zhège Zhōngguó zuì dà de wǎnhuì wǔtái shang, chūxiànle
这个中国最大的晚会舞台上，出现了
"cǎogēn" míngxīng. Zài qítā gè dìfāng tái wǎnhuì, gè
"草根"明星。在其他各地方台晚会、各
yǎnchànghuì xiànchǎng yě jīngcháng kěyǐ kàndào tāmen. Zhèxiē
演唱会现场也经常可以看到他们。这些
"cǎogēn" men huóyuè zài yúlèquān zhōng, zhújiàn chéngwéile
"草根"们活跃在娱乐圈中，逐渐成为了
rénmen xǐ'ài de "míngxīng".
人们喜爱的"明星"。

策　　划：黄友义　王君校　韩　晖　付　眉
责任编辑：杨　晗
英文编辑：吴爱俊　薛彧威
封面设计：何思倩

图书在版编目（CIP）数据

追逐艺术梦：汉英对照 / 袁牧编著. -- 北京 ：华语教学出版社，2018.10
（当代中国微记录）
ISBN 978-7-5138-1641-0

Ⅰ. ①追… Ⅱ. ①袁… Ⅲ. ①汉语－对外汉语教学－语言读物 Ⅳ. ①H195.5

中国版本图书馆CIP数据核字(2018)第226474号

追逐艺术梦

袁　牧　王伟明　彭　博　编著

*

华语教学出版社有限责任公司出版
（中国北京百万庄大街24号 邮政编码100037）
电话：(86)10-68320585 68997826
传真：(86)10-68997826 68326333
网址：www.sinolingua.com.cn
电子信箱：hyjx@sinolingua.com.cn
北京玺诚印务有限公司印刷
2019年（32开）第1版
2019年第1版第1次印刷
ISBN 978-7-5138-1641-0
定价：38.00元